Literatur *und* Medien

Literatur *und* Medien

Herausgegeben von
Volker Wehdeking
Gunter E. Grimm
Rolf Parr
Christof Hamann

Band 12

Social Media & Fake Facts

Kollektivsymbole in Verschwörungsmythen

von

Sophie Greve

Tectum Verlag

Sophie Greve

Social Media & Fake Facts. Kollektivsymbole in Verschwörungsmythen
Literatur und Medien; Band 12

ISBN 978-3-8288-4712-5
ePDF 978-3-8288-7802-0
ePub 978-3-8288-7803-7
ISSN 1867-7479

Umschlaggestaltung: Tectum Verlag, unter Verwendung des Bildes
1769916575 von Dilok Klaisataporn | www.shutterstock.com

Gesamtverantwortung für Druck und Herstellung:
Nomos Verlagsgesellschaft mbH & Co. KG
Printed in Germany

Besuchen Sie uns im Internet
www.tectum-verlag.de

Bibliografische Informationen der Deutschen Nationalbibliothek
Die Deutsche Nationalbibliothek verzeichnet diese Publikation in der Deutschen Nationalbibliografie; detaillierte bibliografische Angaben sind im Internet über http://dnb.ddb.de abrufbar.

Vorwort

Spätestens seitdem ein amerikanischer Präsident zwischen den ‚Fake News' der Medien und denen seiner politischen Gegner und der eigenen ‚alternativen Wahrheit' unterschieden hat, ist eine Diskussion darüber entbrannt, ob wir in einem ‚postfaktischen Zeitalter' und einer ‚postfaktischen Gesellschaft' angelangt sind. Doch es ist nicht immer so einfach zu erkennen, ob man ‚Fake News' aufgesessen ist; bisweilen lässt sich nicht einmal genau sagen, wo denn das ‚Fakehafte' der ‚Fake News' eigentlich beginnt. Erst da, wo Wahrheit gegen besseres Wissen unter den Tisch gekehrt und anderes behauptet wird? Oder schon da, wo Texte, Bilder oder im Radio auch Töne manipuliert, vorsichtig ausgedrückt: ‚bearbeitet' werden? Würde man die Grenze eng ziehen, dann fiele bereits ein Wahlkampf-Plakat mit dem deutlich verjüngten Gesicht eines/einer Kandidat*in unter die Fakes (immerhin wird uns ja vorgemacht, eine deutlich jüngere Person wählen zu können).

Vor Hintergründen wie diesem und dem der zahlreichen ‚Fake Facts' und ‚Fake News' im Kontext der letzten amerikanischen Präsidentschaftswahlen sowie der Diskussionen um Klimawandel und Corona-Pandemie zeigt Sophie Greve auf, wie die Verwendung von kollektiv genutzten Symbolen, also weit verbreiteten bildlichen Anschauungsformen, der digitalen Propaganda komplexerer Verschwörungsmythen dienen kann. Kollektiv geteilte, das heißt von jederfrau und jedermann verstandene und auch selbst produzierbare Bildlichkeiten, sind insofern ein wichtiger Indikator für Verschwörungsmythen, als kaum ein Verschwörungsszenario ohne sie auskommt. In Analogie zur Mathematik ließe sich sagen, dass Kollektivsymbole notwendige, wenn auch nicht hinreichende Elemente von Verschwörungsmythen darstellen. Die Leistung kollektiv geteilter Symbole für Verschwörungsszenarien unterschiedlichster Couleur besteht dabei vor allem darin, die Konnotationsspielräume bildlicher Redeweisen auszunutzen, sodass keine nachprüfbaren Aussagen zu Annahmen über die Welt, Wirklichkeit oder wie immer man die empirische Realität nennen will, gemacht werden müssen, sondern das ‚Auffüllen' der benutzten Bilder mit ‚Sinn' zumindest teilweise den Rezipient*innen überlassen wird.

Wie der Rückgriff auf solche bildlichen Anschauungsformen genau aussieht wird an einer Reihe von aktuellen Fallbeispielen aus den medialen sozialen Netzwerken aufgezeigt, die durch ihre Reichweite, ihre Alltagsnähe und den begrenzten Raum, den sie ihren Nutzer*innen bieten, in besonderer Weise geeignet sind, Verschwörungsmythen bzw. Fehlinformationen zu verbreiten. Konkret analysiert werden auf Basis von Text- und Bildmaterial auf den Plattformen *Telegram*, *Twitter* und *Instagram* die Symbolkomplexe ‚zusammenbrechendes Kartenhaus', ‚Puppenspieler und ihre Marionetten' sowie ‚Festung Europa'. Damit wird ein in der Diskussion um Fake News und ihre Erforschung bisher vernachlässigtes, aber besonders wirkungsvolles Element in den Blick genommen und zudem gezeigt, dass Kollektivsymbole die Basis ganzer Charakterbilder und Faszinationskomplexe bilden können.

Die hier vorgelegte Studie belässt es jedoch nicht bei deskriptiven Analysen, sondern zeigt abschließend ebenso für private Medienrezipient*innen wie auch Unternehmen Möglichkeiten des diskurstaktischen Umgangs mit Verschwörungsmythen wie Counter Speech und Debunking auf. Dazu gehört bereits, nicht von ‚Verschwörungstheorien', sondern eben ‚Verschwörungsmythen' zu sprechen, um den Fake-Charakter der ‚Fake Facts' zu betonen.

Rolf Parr

Inhaltsverzeichnis

1. Sind Verschwörungsmythen ‚Fake Facts'?

Etliche Erzählungen von Illuminat*innen, Freimaurer*innen, einer Regierung, die von Reptilienwesen unterwandert sei, von Kondensstreifen am Himmel, die eine Bedrohung darstellen, oder von Bill Gates, der für die Corona-Pandemie verantwortlich sei, sind derzeit vor allem online auf sozialen Plattformen zu finden. Die folgende Studie widmet sich daher detailliert Verschwörungsmythen und ‚Fake Facts' in den sozialen Medien. Der Fokus liegt dabei auf der Sprache, die zur Verbreitung solcher Mythen genutzt wird, denn sie spielt eine große Rolle in der Wirkung, die diese entfalten können. Konkret geht die Studie der Frage nach, auf welche Weise die Verwendung von Kollektivsymbolen der digitalen Propaganda von Verschwörungsmythen dienen kann.

Es gibt zahlreiche wissenschaftliche Studien (zum Beispiel von Nocun und Lamberty[1], Butter[2] oder Seidler[3]), die sich mit dem Phänomen ‚Verschwörungsglaube' auseinandersetzen. Laut Nocun und Lamberty haben diese allerdings bisher kaum Eingang in die öffentliche Debatte gefunden.[4] Seit dem Jahr 2020, mit der Präsidentschaftswahl in Amerika und der weltweiten COVID-19-Pandemie haben sie jedoch zunehmend Aufmerksamkeit erhalten. Dieser Forschungsbeitrag trägt dazu bei, die vorhergehenden wissenschaftlichen Studien mit der Aktualität des Themas zu verknüpfen.

Die verwandten Bezeichnungen, um Erzählungen rund um Verschwörungen zu beschreiben, sind in Wissenschaftskreisen umstritten.

---

1 Nocun, Katharina; Lamberty, Pia: Fake Facts. Wie Verschwörungstheorien unser Denken bestimmen. Köln: Bastei Lübbe AG 2020.

2 Butter, Michael: »Nichts ist wie es scheint«. Über Verschwörungstheorien. 2. Auflage. Berlin: Suhrkamp Verlag 2018.

3 Seidler, John David: Die Verschwörung der Massenmedien. Eine Kulturgeschichte vom Buchhändler-Komplott bis zur Lügenpresse. Bielefeld: transcript Verlag 2016.

4 Vgl. Nocun, Katharina; Lamberty, Pia: Fake Facts. Wie Verschwörungstheorien unser Denken bestimmen. […]. S. 10–11.

So ist vor allem die im Alltag benutzte Bezeichnung der ‚Verschwörungstheorie' in letzter Zeit immer stärker kritisiert worden. Denn hierbei handelt es sich – so Nocun und Lamberty – nicht um eine Theorie im wissenschaftlichen Sinne. Dieser Sichtweise schließt sich der vorliegende Beitrag an, denn eine Theorie wird als eine „wissenschaftlich nachprüfbare Annahme über die Welt"[5] angesehen, die auch wieder verworfen werden kann, wenn sie sich als falsch herausstellt. Karl Popper definiert schon 1975, dass Theorien immer überprüfbar, also widerlegbar sein müssen: „Die Falsifizierbarkeit bestimmt die Möglichkeit der Überprüfung und damit ihre Wissenschaftlichkeit"[6], denn keine Theorie ist endgültig. Erzählungen von Verschwörungsideolog*innen zeichnen sich dagegen genau dadurch aus, dass sie sich einer Nachprüfbarkeit entziehen. Unabhängig von der Anzahl der Gegenbeweise, Verschwörungsideolog*innen beharren weiterhin auf ihrer Meinung. Darüber hinaus ist zu kritisieren, dass durch die Rede von ‚Verschwörungs*theorien*' jede Erzählung und jede noch so abstruse Idee zu einer Theorie aufgewertet wird.

In diesem Forschungsbeitrag wird daher die Bezeichnung ‚Verschwörungsmythos' verwendet. Denn im Gegensatz zu einer Theorie hat der „(politische) Mythos ein kollektiv identitätstiftendes Potenzial. Das Geschehene wird weniger über empirisch nachprüfbare Fakten vermittelt als über Stereotype und emotionalisierende Darstellungen".[7]

Laut von der Goltz gelten Mythen als Waffen der politischen Kommunikation, an deren Entstehung und Verbreitung eine Vielzahl von Akteur*innen mitwirkt, da Mythen erst unter Mitwirkung des Publikums entstehen: *„ohne Anhänger, kein Mythos"*.[8] Nach Nocun und Lamberty ist ein Mythos „eine Erzählung oder Überlieferung, die

5 Nocun, Katharina; Lamberty, Pia: Fake Facts. Wie Verschwörungstheorien unser Denken bestimmen. […]. S. 21.

6 Popper, Karl R.: Die offene Gesellschaft und ihre Feinde II. Falsche Propheten. Hegel, Marx und die Folgen. 4. Auflage. München: Francke Verlag 1975. S. 321.

7 Nocun, Katharina; Lamberty, Pia: Fake Facts. Wie Verschwörungstheorien unser Denken bestimmen. […]. S. 22.

8 von der Goltz, Anna: Die Macht des Hindenburgmythos. Politik, Propaganda und Popularitäten im ersten Weltkrieg. In: Borsò, Vittoria; Liermann, Christiane; Merziger, Patrick [Hrsg.]: Die Macht des Populären. Politik und populäre Kultur im 20. Jahrhundert. Bielefeld: transcript Verlag 2010. S. 32. Hervorhebungen im Original.

häufig in der jeweiligen Gesellschaft verankert ist".[9] Er beschreibt, wie Menschen ihre Umgebung deuten und verstehen. Bei einem Mythos wird an die Zuhörer*innen emotional appelliert; „nachprüfbare Wahrheiten oder Argumente spielen hier eher eine untergeordnete Rolle".[10] Dabei lässt sich nicht immer klar zwischen Produzent*innen und Rezipient*innen unterscheiden:

> Mythische Narrative sind einerseits eng an die Intentionen derer, die sie zu instrumentalisieren suchen, gekoppelt. Gleichzeitig verleihen sie den versteckten Wünschen, Sehnsüchten und Bedürfnissen ihrer Anhänger symbolischen Ausdruck.[11]

Mythen sind somit symbolisch aufgeladen. Sie geben vor, gültige Aussagen über Ereignisse zu treffen und gerade in komplexen modernen Gesellschaften dienen sie oft der Vereinfachung und Verallgemeinerung. Aus vielschichtigen Ereignissen „destillieren sie einfache Formeln; sie schaffen leicht verständliche Dichotomien wie ‚Gut und Böse' oder ‚Held und Feigling'".[12]

Von Verschwörungsmythen wird hier als Oberkategorie für alle Formen von spezifischen Verschwörungserzählungen gesprochen. Als Verschwörungserzählung wird eine konkrete Annahme zu Geschehnissen in der Welt bezeichnet. Ein Verschwörungsmythos meint daher weniger

> die konkrete Annahme, dass beispielsweise Hitler auf der dunklen Seite des Mondes leben würde. Vielmehr geht es um das grundlegende Narrativ, das einzelne Verschwörungserzählungen vereint. Der (falsche) Mythos einer jüdischen Weltverschwörung wäre so ein Beispiel.[13]

Die Rede vom Verschwörungsmythos beinhaltet somit ein abstraktes Narrativ. Verschwörungserzählungen beziehen sich in ihrem Kern auf Verschwörungsmythen. Die grundlegende Definition einer Verschwö-

9 Nocun, Katharina; Lamberty, Pia: Fake Facts. Wie Verschwörungstheorien unser Denken bestimmen. […]. S. 22.

10 Ebd.

11 von der Goltz, Anna: Die Macht des Hindenburgmythos. Politik, Propaganda und Popularitäten im ersten Weltkrieg. […]. S. 32.

12 Ebd., Hervorh. im Original.

13 Nocun, Katharina; Lamberty, Pia: Fake Facts. Wie Verschwörungstheorien unser Denken bestimmen. […]. S. 23.

rungserzählung von Nocun und Lamberty, an der sich im vorliegenden Forschungsbeitrag orientiert wird, lautet:

> Eine Verschwörungserzählung ist eine Annahme darüber, dass als mächtig wahrgenommene Einzelpersonen oder eine Gruppe von Menschen wichtige Ereignisse in der Welt beeinflussen und damit der Bevölkerung gezielt schaden, während sie diese über ihre Ziele im Dunkeln lassen.[14]

Außerdem muss ein Ereignis als „groß und wirkungsvoll"[15] wahrgenommen werden, um Ausgangspunkt für Verschwörungserzählungen zu sein. Es lässt sich beobachten, dass mit einschneidenden gesellschaftlichen Ereignissen schnell auch Verschwörungserzählungen entstehen. Als im Dezember 2019 in China erstmals das Coronavirus SARS-CoV-2[16] auftritt, werden auf sozialen Plattformen sofort Spekulationen zu seiner Entstehung verbreitet. So zum Beispiel, dass das Virus in chinesischen Laboren hergestellt und verbreitet worden sei, oder dass der US-amerikanische Unternehmer Bill Gates und mit ihm 5G-Strahlen für die Ausbreitung der Krankheit verantwortlich seien. All diese Erzählungen werden in sozialen Medien veröffentlicht, diskutiert und vor allem weiterverbreitet, trotz fundierter wissenschaftlicher Erkenntnisse, die zum Beispiel „seit Jahrzehnten davor warnen, dass Virenarten, die von Tieren auf den Menschen übergehen, Pandemien auslösen können".[17]

Doch auch wenn es auf den ersten Blick so erscheinen mag, kann man die aktuelle Zeit nicht unbedingt als „goldene[s] […] Zeitalter"[18]

---

14 Nocun, Katharina; Lamberty, Pia: Fake Facts. Wie Verschwörungstheorien unser Denken bestimmen. S. 18.

15 Ebd.

16 Coronaviren wurden Mitte der 1960er-Jahre erstmalig entdeckt: „Generell können sie entweder nur Menschen oder nur Tiere infizieren und tragen beim Menschen dazu bei, Erkältungskrankheiten auszulösen. Selten können Coronaviren, die zuvor nur Tiere infiziert haben, jedoch auch auf den Menschen übertreten, sich dort weiterverbreiten und auch zu schweren Erkrankungen führen." Dies ist bei dem neuartigen Coronavirus SARS-CoV-2 der Fall, der seit dem Jahr 2019 bis heute eine große gesundheitliche Gefahr darstellt. SARS steht hierbei für „Schweres Akutes Atemwegssyndrom". (Bundesregierung.de: Coronavirus. Informationen über das Virus. URL: https://www.bundesregierung.de/breg-de/themen/coronavirus/informationen-zum-coronavirus-1734932 [zuletzt aufgerufen am 31.03.2021]).

17 Nocun, Katharina; Lamberty, Pia: Fake Facts. Wie Verschwörungstheorien unser Denken bestimmen. […]. S. 17.

18 Butter, Michael: »Nichts ist wie es scheint«. […]. S. 16.

der Verschwörungsmythen ansehen. Laut Butter ist der Konspirationismus nicht populärer oder einflussreicher als zuvor.[19] Verschwörungsmythen gab es durchaus auch in den letzten Jahrhunderten: Schon im 18. Jahrhundert rankten sich Verschwörungserzählungen um Freimaurer*innen und den radikal-aufklärerischen bayerischen Geheimbund der Illuminat*innen.[20] Zu Beginn des 20. Jahrhunderts kam es dann in Deutschland und anderen europäischen Ländern zu einem „rasanten Anstieg der Verbreitung von insbesondere antisemitischen Verschwörungserzählungen, die letztendlich den Holocaust erst möglich machten".[21] Verschwörungsmythen und -erzählungen existierten also schon lange vor der Corona-Pandemie. Aus historischer Perspektive wird deutlich, dass vor allem antisemitische Stereotype eine diachrone Konstante in Verschwörungsunterstellungen bilden. Damit geht die zentrale Funktion von Verschwörungsmythen einher, dass mittels der Identifizierung von angeblichen Verschwörer*innen Feindbilder evoziert werden können.[22]

Heute trägt das Internet zu der Möglichkeit der Verbreitung über soziale Medien bei. Verschwörungsmythen und ‚Fake Facts' können darüber schnell eine große Reichweite erzielen. Erzählungen und Theorien, die nie wirklich verschwunden waren und am Rande der Gesellschaft existierten, werden plötzlich massenhaft sichtbar.

In Verschwörungsmythen geht es demnach meistens um eine kleine Gruppe von Verschwörer*innen, die für alles, was geschieht, verantwortlich gemacht wird, und der eine große Gruppe von Opfern gegenübersteht, „die bis auf wenige Erleuchtete gar nicht begreift, was passiert".[23] Eine Dichotomie zwischen Gut und Böse entsteht. Butter analysiert dies genauer, wenn er schreibt:

> Diese ‚politische' Komplexitäts*reduktion* geht jedoch zwangsläufig mit einer ‚semiotischen' Komplexitäts*produktion* einher. Denn wenn disparate Ereignisse auf das Wirken einer kleinen Gruppe zurückzuführen sind, dann müssen die Verbindungen dieser Gruppe zu den Ereignissen belegt

19 Butter, Michael: »Nichts ist wie es scheint«. [...]. S. 16.

20 Vgl. Seidler, John David: Die Verschwörung der Massenmedien. [...]. S. 50.

21 Nocun, Katharina; Lamberty, Pia: Fake Facts. Wie Verschwörungstheorien unser Denken bestimmen. [...]. S. 26.

22 Vgl. Seidler, John David: Die Verschwörung der Massenmedien. [...]. S. 48–54.

23 Butter, Michael: »Nichts ist wie es scheint«. [...]. S. 60.

> und es muss bewiesen werden, wie diese Gruppe andere Gruppen manipuliert oder kontrolliert.[24]

Daher untermauern Verschwörungsideolog*innen ihre Behauptungen und Argumentationen mit Beweisen, die ihrer Meinung nach unwiderlegbar sind.[25]

Verschwörungsmythen und -erzählungen werden oftmals mit sogenannten ‚Fake Facts' gleichgesetzt. Es handelt sich hierbei jedoch um zwei verschiedene Phänomene, denn nicht alle Verschwörungserzählungen sind ‚Fake Facts' und nicht alle ‚Fake Facts' zählen zu Verschwörungserzählungen. Viele Verschwörungsideolog*innen sind

> eben doch genuin überzeugt, einem Komplott auf die Schliche gekommen zu sein; und nicht jede bewusst verbreitete Fehlinformation behauptet die Existenz einer Verschwörung.[26]

Die Grenze erscheint manchmal fließend, denn irreführende Meldungen werden häufig als Belege für vermeintliche Verschwörungen genutzt.[27] Verschwörungsmythen suggerieren ein großes Geheimnis zu lüften und damit eine verborgene Wahrheit zu enthüllen.[28] ‚Fake Facts' sind „absichtlich verbreitete Fehlinformationen, die darauf angelegt sind, bestimmte Personen zu diskreditieren und/oder ein anderes Ziel zu erreichen".[29] Der Terminus ‚Fake Facts' wurde seit 2016 vor allem von Donald Trump geprägt, der selbst Verschwörungsmythen über die Medienlandschaft und vor allem die Presse in den USA veröffentlicht und diesen zugleich die Verbreitung von ‚Fake News' zu seiner Person oder seiner Politik unterstellt.[30]

---

24 Butter, Michael: »Nichts ist wie es scheint«. […]. S. 60–61.

25 Dazu gehört zum Beispiel das Konzept des „Überläufers": Eine Person, die zuerst zu der Verschwörung selbst dazu gehört hat, verfügt über Insiderwissen und kann so die Verdächtigungen der Verschwörungsideolog*innen und vermeintlichen Opfer bestätigen, die Verschwörung aufdecken und Geheimnisse enthüllen. (Vgl. Ebd., S. 65).

26 Ebd., S. 127–128.

27 Vgl. Nocun, Katharina; Lamberty, Pia: Fake Facts. Wie Verschwörungstheorien unser Denken bestimmen. […]. S. 75.

28 Vgl. Seidler, John David: Die Verschwörung der Massenmedien. […]. S. 36.

29 Butter, Michael: »Nichts ist wie es scheint«. […]. S. 13.

30 Vgl. Nocun, Katharina; Lamberty, Pia: Fake Facts. Wie Verschwörungstheorien unser Denken bestimmen. […]. S. 76.

Um die Aktualität des Themas zu betonen ist diese Studie auf die Jahre 2016 bis 2021 begrenzt. Fast täglich finden sich neue Schlagzeilen zu Verschwörungserzählungen, die die derzeitige Corona-Pandemie betreffen. Der bisherige Forschungsstand zum Thema Kollektivsymbole konzentriert sich jedoch hauptsächlich auf Untersuchungen zu literarischen Symbolen oder solchen, die sich über die traditionellen Medien des Fernsehens und der Zeitungen verbreitet haben. Darüber wird hier hinausgegangen und analysiert, wie die Streuung von Kollektivsymbolen im digitalen Zeitalter über Social Media erfolgt.

Ziel des Forschungsbeitrages ist es, an aktuellen Beispielen zu zeigen, wie Kollektivsymbole in einer Zeit, in der über die traditionellen Medien wie Fernsehen und Zeitungen hinaus, vor allem die sozialen Medien den Alltag der Menschen bestimmen, wirksam werden und zur Verbreitung von Verschwörungsmythen und Fehlinformationen beitragen können. Gleichzeitig soll eine praktische Empfehlung für den Umgang mit diesen Phänomenen für Social Media-Formate gegeben werden.

In der Analyse legt die vorliegende Studie einen Schwerpunkt auf die Netzwerke Telegram, Twitter und Instagram.[31] Für die Plattform Telegram wird das Charakterbild der ‚bösen Verschwörer*innen' untersucht und analysiert, welche sprachlichen Mittel genutzt werden, um dieses Bild aufzubauen. Als Beispiel dient der Telegram-Kanal von Attila Hildmann und das von ihm mehrfach aufgegriffene Kollektivsymbol des ‚Schlafschafes'. Auf seinem Kanal polarisiert Hildmann vor allem aufgrund seines Verschwörungsglaubens und seiner antisemitischen Aussagen. Des Weiteren wird untersucht, wie Kollektivsymbole auf dieser Plattform genutzt werden, um komplexere Verschwörungserzählungen zu entwickeln. Speziell wird das Kollektivsymbol des zusammenbrechenden ‚Kartenhauses' in den Blick genommen. Als Medium der politischen Kommunikation wird in der Analyse der Plattform Twitter der Fokus auf das Kollektivsymbol der ‚Puppenspieler*innen' und ihrer ‚Marionetten' in den Tweets[32] von Donald Trump sowie die Kollektivsymbole der ‚Klimahysterie' und der ‚Klimakirche'

31 Um die vorliegende Analyse einzugrenzen, wird sich hier, auf Basis der Datenrecherche, auf diese sozialen Plattformen beschränkt.

32 In dieser Studie werden die für soziale Medien üblichen Namen und Bezeichnungen verwendet.

gelegt. In Bezug auf Instagram wird erforscht, wie rechte Propaganda auf dieser sozialen Plattform verbreitet wird. Vor allem das Kollektivsymbol der ‚Festung Europa' und die Hashtags ‚#heimatverliebt' und ‚#heimatliebe' werden in diesem Zusammenhang genauer betrachtet. Auf Basis der Untersuchung von digitalen Verschwörungsmythen auf Social Media-Plattformen formuliert dieser Forschungsbeitrag eine praktische Handlungsanleitung zum Umgang mit Verschwörungsmythen und ‚Fake Facts'. Hierbei wird das Community Management von Unternehmen von den Möglichkeiten der Counter Speech und des Debunkings von privaten User*innen unterschieden. Am Ende der Untersuchung wird die Funktion von Kollektivsymbolen in Verschwörungsmythen anhand der Ergebnisse der Analyse zusammengefasst.

2. Politische Kommunikation in den sozialen Medien

Das ‚Web 2.0'[33] wird auch ‚Social Web' genannt und zeichnet sich vor allem durch soziale Medien aus, die online Informationsaustausch ermöglichen. Die digital vernetzte Kommunikation erhält dadurch neue Dimensionen.[34] Im 21. Jahrhundert bietet die Medienindustrie Plattformen an, auf denen Nutzer*innen selbstständig Inhalte herstellen können. An die Stelle professionell hergestellter Medieninhalte treten so die Eigenbeiträge der Nutzer*innen.[35] Soziale Medien bewirken damit eine Demokratisierung der Medien und verändern die Begrifflichkeit der Massenmedien, denn: „Die Masse ist nicht mehr nur Empfänger, sondern zugleich Sender von Information."[36] Der Informationsfluss wird nicht mehr nur von Medienunternehmen gesteuert, sondern soziale Medien vermitteln das Versprechen von Selbstbestimmtheit. Dies ist jedoch kritisch zu hinterfragen, da hinter den sozialen Plattformen Betriebe stehen, die diese kontrollieren, wie

---

33 In der vorliegenden Studie wird eine netzrealistische Position vertreten. Dies beinhaltet die Annahme, dass das ‚Web 2.0' sowohl funktionale als auch dysfunktionale Effekte haben kann. Hier wird demnach kein Netzoptimismus oder Netzpessimismus betrieben, sondern das Netz durch eine Online-Inhaltsanalyse geprüft. (Vgl. Kneuer, Marianne; Richter, Saskia: Soziale Medien in Protestbewegungen. Neue Wege für Diskurs, Organisation und Empörung? Frankfurt am Main: Campus Verlag 2015. S. 28–30).

34 Vgl. Ernst, Thomas: Der Leser als Produzent in Sozialen Medien. In: Parr, Rolf; Honold, Alexander [Hrsg.]: Grundthemen der Literaturwissenschaft. Lesen. Berlin, Boston: De Gruyter Verlag 2018. S. 490.

35 Vgl. Schäfer, Mirko Tobias: Instabile (Gegen-)Öffentlichkeiten. Online-Plattformen als hybride Foren gesellschaftlicher Debatten. In: Baxmann, Inge; Beyes, Timon; Pias, Claus [Hrsg.]: Soziale Medien – Neue Massen. Medienwissenschaftliche Symposien der DFG. Zürich, Berlin: diaphanes 2014. S. 283.

36 Andreas, Michael: „Offen" und „Frei". Über zwei Programme sozialer Medien. In: Baxmann, Inge; Beyes, Timon; Pias, Claus [Hrsg.]: Soziale Medien – Neue Massen. Medienwissenschaftliche Symposien der DFG. Zürich, Berlin: diaphanes 2014. S. 152.

Facebook inc. beispielsweise hinter Facebook und Instagram. So hält Warnke fest:

> Es handelt sich bei der Kommunikation in den Datenbanken des Web 2.0 um Versammlungen an ganz besonderen Orten, betrieben und bewacht von Privatfirmen, die den Diskursen lauschen wollen, um diese wiederum an andere Firmen zu verkaufen.[37]

Aus dieser Gestaltungsmacht, die einigen Digitalkonzernen zukommt, erwächst die Frage, „inwiefern die Plattformen nicht auch die Verantwortung für die Inhalte übernehmen sollten, die über ihre Infrastruktur verbreitet werden".[38] Die Antwort auf diese Frage ist gesellschaftlich hoch umstritten: So werden Unternehmen wie Facebook dafür kritisiert, dass sie zu wenig Handlungsbedarf sehen würden; gleichzeitig wird jedoch die Meinung vertreten, dass eine stärkere inhaltliche Regulation langfristig auch inhaltliche Eingriffe der Konzerne in gesellschaftliche Debatten legitimieren könnte. Infolge heftiger öffentlicher Kritik an der Rolle von Verschwörungsmythen und ‚Fake Facts' im US-Wahlkampf im Jahr 2016 hat Facebook damit begonnen, ein System einzuführen, in dem Postings, die auf Facebook eingestellt werden, von unabhängigen Journalist*innen und Redaktionen geprüft werden.So wurden zunächst ausgewählte Postings mit Warnhinweisen markiert, wenn deren Wahrheitsgehalt in Zweifel gezogen wurde. Später trat dann „anstelle der Warnhinweise die prominente Einblendung von Faktenchecks"[39] unter den zweifelhaften Beiträgen. Zu diesem Zweck arbeitet Facebook mit Institutionen in den jeweiligen Ländern zusammen, die vom International Fact Checking Network (IFCN) zertifiziert wurden. In Deutschland zählt dazu unter anderem der dpa-Faktencheck.[40] Auch auf anderen Plattformen wie Instagram und Twitter wurden solche Faktenchecks verstärkt eingeführt. Im Jahr 2020 wurden durch die starke Verbreitung von ‚Fake Facts' und Verschwörungserzählungen zur COVID-19-Pandemie sowie der US-Präsidentschafts-

37 Warnke, Martin: Datenbanken als Zitadellen des Web 2.0. In: Baxmann, Inge; Beyes, Timon; Pias, Claus [Hrsg.]: Soziale Medien – Neue Massen. Medienwissenschaftliche Symposien der DFG. Zürich, Berlin: diaphanes 2014. S. 147–148.

38 Nocun, Katharina; Lamberty, Pia: Fake Facts. Wie Verschwörungstheorien unser Denken bestimmen. [...]. S. 125.

39 Ebd., S. 131.

40 Vgl. ebd.

wahl zwischen den beiden politischen Konkurrenten Donald Trump und Joe Biden vermehrt Warnhinweise in den sozialen Medien eingeblendet. Außerdem wurden viele Falschmeldungen markiert oder gelöscht und Profile, die solche Erzählungen und falschen Informationen verbreiten, entfernt.[41] Das Bewusstsein für die Problematik ist dadurch in diesem Jahr noch einmal gestiegen.

Soziale Netzwerke bilden Plattformen, die nicht nur die Verbreitung von Informationen, sondern auch „einen direkten und schnellen Austausch sowie eine dauerhafte Vernetzung von Personen mit ähnlichen Interessen“[42] ermöglichen. Dem/Der Nutzer*in kommt eine neue Rolle zu, nämlich die des *„content providers“*.[43] Es liegt eine nutzerbasierte Bereitstellung von Inhalten vor, die multimodal angelegt ist. Denn in sozialen Medien können Texte, Bilder, Videos und/oder eine Kombination daraus veröffentlicht werden.

So stellt Social Media ein sehr nützliches Werkzeug dar, um anhand von „persönlichen Interessen und der Kompetenzen des eigenen Umfelds Nachrichten vorzufiltern“.[44] Nocun und Lamberty machen dies durch ein Beispiel anschaulich: „Wer sich etwa besonders für Klimapolitik interessiert, kann NGOs oder Politikern folgen, die in diesem Thema aktiv sind.“[45]

Auf der anderen Seite existieren jedoch Filterblasen und Echokammern, die durch die Algorithmen der digitalen Plattformen verstärkt werden. Diese Phänomene sind nicht neu, sie gibt es schon in Zeiten des analogen Stammtisches, bei dem sich Menschen regelmäßig mit einem überschaubaren Kreis von Teilnehmer*innen treffen, die ähnliche politische Einstellungen aufweisen.[46] Eine Filterblase ist „eine Bla-

41 Vgl. Klein, Oliver: Nach Trump-Eklat bei Twitter: Wie soziale Netzwerke gegen Fake News kämpfen. ZDF.de. 27.05.2020. URL: https://www.zdf.de/nachrichten/digitales/facebook-twitter-faktencheck-100.html [zuletzt aufgerufen am 20.12.2020].

42 Greve, Sophie: »Our house is on fire«. Greta Thunberg etabliert ein wirkungsmächtiges Kollektivsymbol. In: kuluRRevolution: Zeitschrift für angewandte Diskurstheorie. Essen: Klartext Verlag 2019. Nr. 77/78. S. 117.

43 Kneuer, Marianne; Richter, Saskia: Soziale Medien in Protestbewegungen. […]. S. 94.

44 Nocun, Katharina; Lamberty, Pia: Fake Facts. Wie Verschwörungstheorien unser Denken bestimmen. […]. S. 128.

45 Ebd.

46 Ebd.

se, in die durchaus noch etwas hineinströmt: Informationen, die zum eigenen Weltbild passen".[47] Dieses Phänomen wird auch Echokammer genannt, da Inhalte, die die eigene Meinung unterstützen, besonders laut widerhallen und Menschen sich, wie bei einem Echo, in ihren Ansichten fortlaufend bestätigen.[48] Diesen Blasen und Kammern liegt somit eine Gefahr inne: Sie erleichtern Radikalpositionen. Denn je seltener man auf Andersdenkende trifft, desto weniger kommt man in die Situation, die eigenen Argumente hinterfragen zu müssen. Dieses Phänomen ist vor allem in den sozialen Medien zu beobachten. Um die Nutzer*innen länger auf der Plattform zu halten, wird die Anzeige der relevanten Nachrichten bei den meisten sozialen Netzwerken individuell vorsortiert: „Beiträge, die laut Datenprofil wahrscheinlich das Interesse eines Nutzers wecken könnten, rutschen dadurch in der Ansicht regelmäßig auf einen vorderen Platz."[49] Dafür sind die Algorithmen der sozialen Medien zuständig. Diese werden ständig verfeinert und immer mehr in die Richtung einer künstlichen Intelligenz entwickelt, „die selbst lernt und den Newsfeed nach ihren eigenen Vorstellungen auf die einzelnen Nutzer anpasst".[50] Die sozialen Netzwerke verstärken so den Effekt der Echokammern. Nocun und Lamberty halten kritisch fest, dass ein Problem darin besteht, dass „Nutzer kaum nachvollziehen können, warum ihnen bestimmte Inhalte prominenter angezeigt werden"[51] als andere.

Soziale Medien sind wichtige Infrastrukturen in der gesellschaftspolitischen Debatte geworden. In ihnen wird zum Beispiel Aufmerksamkeit für politische Themen generiert und Aktivismus organisiert. Eine Ausbreitung des traditionellen politischen Diskurses in eine Online-Öffentlichkeit findet statt.[52] Politische Kommunikation hat sich

47 Ley, Hannes: #ichbinhier. Zusammen gegen Fake News und Hass im Netz. Köln: DuMont Buchverlag 2018. S. 128.

48 Vgl. ebd.

49 Nocun, Katharina; Lamberty, Pia: Fake Facts. Wie Verschwörungstheorien unser Denken bestimmen. […]. S. 128–129.

50 Ley, Hannes: #ichbinhier. Zusammen gegen Fake News und Hass im Netz. […]. S. 107.

51 Nocun, Katharina; Lamberty, Pia: Fake Facts. Wie Verschwörungstheorien unser Denken bestimmen. […]. S. 129.

52 Vgl. Schäfer, Mirko Tobias: Instabile (Gegen-)Öffentlichkeiten. Online-Plattformen als hybride Foren gesellschaftlicher Debatten. […]. S. 289–293.

so zu einem Bereich erweitert, in dem Menschen selbst Öffentlichkeit herstellen und die Möglichkeit der Mitgestaltung erfahren können. Denn die „Akteursstruktur der Zivilgesellschaft“[53] hat sich durch die Etablierung der sozialen Medien verändert: „Diskursive Partizipation ist nicht länger Institutionen vorbehalten, auch Einzelpersonen stehen neue kommunikative Optionen zur Verfügung.“[54] Social Media eröffnet neue politische Handlungsspielräume, die dabei von dem Merkmal der „Ortslosigkeit“[55] geprägt sind. Soziale Medien tragen zu einer Entgrenzung bei, die für eine schnelle Informationsverbreitung mit großer und teilweise globaler Reichweite sorgt. Politische Kommunikation findet also vermehrt digital statt. Schon im Jahr 2002 hält Leggewie in Bezug auf politische Kommunikation von Parteien fest, dass die Neuen Medien[56] eine innovative Wirkung auf die parteiinterne Öffentlichkeit haben können. Durch sie könne eine Parteimitgliedschaft attraktiver werden und jüngere Mitglieder könnten rekrutiert werden. Außerdem analysierte er, dass die Kommunikation zwischen Parteiführung und Mitgliedern durch sie „effizienter, kostengünstiger und vor allem ohne Umweg über die Massenmedien“[57] verlaufen könne. Diese Aussagen lassen sich im Jahr 2021 tatsächlich entsprechend nachvollziehen, denn das Internet ist im Vergleich zu traditionellen Massenmedien wie Rundfunk oder Printmedien in der Lage, sowohl die Außen- als auch die Binnenkommunikation von Parteien zu unterstützen. Im Rahmen der Binnenkommunikation beschleunigt das Internet in erster Linie Abstimmungsprozesse, die sozialen Medien selbst erleichtern konkret die Außenkommunikation von politischen Personen und Parteien. So

53 Dang-Anh, Mark; Einspänner, Jessica; Thimm, Caja: Kontextualisierung durch Hashtags. Die Mediatisierung des politischen Sprachgebrauchs im Internet. In: Diekmannshenke, Hajo; Niehr, Thomas [Hrsg.]: Öffentliche Wörter. Analysen zum öffentlich-medialen Sprachgebrauch (Perspektiven germanistischer Linguistik 9). Stuttgart: Ibidem-Verlag 2013. S. 138.

54 Ebd.

55 Kneuer, Marianne; Richter, Saskia: Soziale Medien in Protestbewegungen. Neue Wege für Diskurs, Organisation und Empörung? […]. S. 94.

56 Die Neuen Medien umfassen die digitalen Medien. (Vgl. Leggewie, Claus: Netzwerkparteien? Parteien in der digitalen Öffentlichkeit. In: Aleman, Ulrich von; Marschall, Stefan [Hrsg.]: Parteien in der Mediendemokratie. Wiesbaden: Westdeutscher Verlag 2002. S. 180–183).

57 Ebd., S. 183.

lassen sich Wähler*innen und potenzielle Wähler*innen gezielter ansprechen.[58]

Gleichzeitig nutzen ganze politische Bewegungen soziale Medien, um über sie politisch zu kommunizieren. Aber auch Einzelpersonen verwenden die Netzwerke, um ihre politischen Meinungen zu verbreiten. Die sozialen Medien haben die traditionellen Medien nicht abgelöst, sie haben sie jedoch um ein großes Feld erweitert. So fungiert ein soziales Medium wie Twitter zum Beispiel auch als Quelle für Journalist*innen, die von dort veröffentlichten Augenzeug*innenberichte profitieren.[59]

Soziale Plattformen bringen Nutzungsweisen mit sich, die sich in den verschiedenen Communities zu unterschiedlichen Graden herausgebildet haben:

> Erstens, werden soziale Medien zur Selbstdarstellung genutzt. Dies geschieht durch die Angabe von Profilinformationen, aber auch indem Inhalte erstellt werden. Zweitens, findet Beziehungsaufbau und -pflege statt. Darüber hinaus spielen soziale Medien, drittens, eine maßgebliche Rolle bei der Informationssuche, die vorwiegend über soziale Kontakte erfolgt. Inhalte und Informationen, die in den Netzwerken gesucht und verbreitet werden, haben somit eine erhöhte Glaubwürdigkeit und Relevanz, da die meist persönlich bekannten Autoren als authentisch eingestuft werden.[60]

Diese Nutzungspraktiken lassen sich auch in der politischen Kommunikation online beobachten. Außerdem haben sie sich, durch die Einführung des Hashtags auf Twitter seit dem Jahr 2007 und auf Instagram seit dem Jahr 2010, noch weiter verstärkt.[61] Nach Bernard verwandelt das vorangestellte Zeichen ‚#' Wörter in vernetzte Schlagwörter. Die Raute und die unmittelbar anschließende Buchstabenfolge haben also zwei Funktionen: Sie sind sowohl Bestandteil des „sichtbaren Tweets oder Instagram-Beitrags als auch Auslöser der unsichtba-

---

58 Vgl. Gellner, Winand; Strohmeier, Gerd: Parteien in Internet-Wahlkämpfen. In: Aleman, Ulrich von; Marschall, Stefan [Hrsg.]: Parteien in der Mediendemokratie. Wiesbaden: Westdeutscher Verlag 2002. S. 190.

59 Vgl. Dang-Anh, Mark; Einspänner, Jessica; Thimm, Caja: Kontextualisierung durch Hashtags. Die Mediatisierung des politischen Sprachgebrauchs im Internet. [...]. S. 140.

60 Kneuer, Marianne; Richter, Saskia: Soziale Medien in Protestbewegungen. [...]. S. 95.

61 Vgl. Greve, Sophie: »Our house is on fire«. Greta Thunberg etabliert ein wirkungsmächtiges Kollektivsymbol. [...]. S. 117.

ren Prozedur der Vernetzung".[62] Durch diese Vernetzung hat sich im politischen Aktivismus online die neue Form des „Hashtag Activism"[63] herausgebildet. Dabei finden sich unter einem bestimmten Hashtag Stimmen zusammen, die im herkömmlichen Mediensystem nicht ausreichend repräsentiert werden beziehungsweise sich nicht ausreichend präsentiert fühlen. Zwei Beispiele verdeutlichen dies: Die Klimabewegung Fridays For Future, die sich auf dem sozialen Netzwerk Twitter vor allem unter dem Hashtag ‚#FridaysForFuture' formiert, sowie die Bewegung der ‚Corona-Leugner*innen' und Verschwörungsideolog*innen, die sich auf Instagram unter dem Hashtag ‚#querdenken' sammelt. Auf den schnelllebigen und dynamischen Plattformen Twitter und Instagram können laut Bernard Menschen mit Hilfe des Hashtags „durch wenige Tastendrücke auf ihren Telefonen und Computern ein sichtbares Korrektiv"[64] erschaffen.

Deutlich wird: Gerade in den sozialen Medien sind Raum und Zeit knappe Güter, daher werden oftmals nur kurze Formulierungen oder Hashtags verwendet. Genau diese Voraussetzung führt häufig zu der Verwendung von Kollektivsymbolen in den sozialen Medien.

62 Bernard, Andreas: Das Diktat des #hashtags. […]. S. 9.

63 Ebd., S. 52.

64 Ebd., S. 53.

3. Was sind Kollektivsymbole?

Der Forschungsbeitrag orientiert sich an der, von Foucault inspirierten, Diskursanalyse nach Jürgen Link.[65] Daher wird vor allem die Analyse „aktueller Diskurse und ihrer Macht-Wirkung"[66] und das „Sichtbarmachen ihrer (sprachlichen und ikonographischen) Wirkungsmittel"[67] in den Mittelpunkt gestellt. Diskurse werden hier als „Manifestationsort und mit generierendes Element kultureller Systeme"[68] angesehen. Link erklärt das Zusammenspiel von Diskurs und Kultur folgendermaßen:

> Kultur ist ein interdiskursives Konzept, Kultur besteht aus Interdiskursen, in denen Wissen aus verschiedenen Spezialdiskursen stark selektiv kombiniert und integriert wird. Dieses Konzept bezieht sich insbesondere auf moderne Kulturen, die stärker ausdifferenziert sind als traditionale und deren relevantes Wissen vor allem in Spezialdiskursen produziert wird.[69]

So sind moderne Gesellschaften etwa seit Beginn der zweiten Hälfte des 18. Jahrhunderts durch „funktionale Ausdifferenzierungen"[70] gekennzeichnet. Es haben sich spezielle Bereiche entwickelt, „die wiederum relativ geschlossene Spezialdiskurse ausgebildet haben, al-

---

65 Vgl. Link, Jürgen; Link-Heer, Ursula: Diskurs/Interdiskurs und Literaturanalyse. In: Zeitschrift für Literaturwissenschaft und Linguistik: LiLi. Eine Zeitschrift der Universität Siegen. Nr. 77. Stuttgart: Metzler 1990. S. 88–99.

66 Jäger, Margarete; Jäger, Siegfried: Deutungskämpfe. Theorie und Praxis kritischer Diskursanalyse. 1. Auflage. Wiesbaden: VS Verlag für Sozialwissenschaften 2007. S. 20.

67 Ebd.

68 Fleischer, Michael: Kulturtheorie. Systemtheoretische und evolutionäre Grundlagen. 2., unveränderte Auflage (Beiträge zur Kulturwissenschaft 5). Oberhausen: Athena 2006. S. 316.

69 Link, Jürgen: Zur Frage, was eine kulturwissenschaftliche Orientierung der Literaturdidaktik »bringen« könnte. In: kuluRRevolution: Zeitschrift für angewandte Diskurstheorie. Nr. 45/46. Essen: Klartext Verlag 2003. S. 71.

70 Parr, Rolf: Kompetenz: Multi-Interdiskursivität. In: Heimböckel, Dieter [Hrsg.]: Zwischen Provokation und Usurpation: kuluRRevolution als (un-)vollendetes Projekt der Literatur- und Sprachwissenschaften. München [u.a.]: Fink 2010. S. 88.

so spezielle Formen der Rede mit eigener Operationalität".[71] Die moderne Gesellschaft besteht aus einem großen Spektrum an Spezialdiskursen, wie zum Beispiel „naturwissenschaftlichen-, human- und sozialwissenschaftlichen sowie kultur- und geisteswissenschaftlichen Diskursen".[72] Um zwischen diesen Spezialisierungen Verbindungen zu schaffen, hat die modernen Gesellschaft Verfahren entwickelt, die über die Grenzen von Diskursen „Brücken schlagen".[73] Dies geschieht durch interdiskursive Elemente, bei denen ein „gesellschaftlicher Teilbereich in Form von Analogie-Relationen zum strukturierenden Medium eines anderen gemacht wird".[74] Dazu gehören beispielsweise Metaphern oder Kollektivsymbole. Sie bilden Verbindungen über die Grenzen der Spezialdiskurse hinweg und charakterisieren spezifische Kulturen einer Gesellschaft. Kollektivsymbole sind die Bindemittel von Diskursen, ihr System lässt sich als interdiskursiv wirkendes Regelwerk vorstellen, wobei „unter interdiskursiv solche Elemente verstanden werden, mit denen sich verschiedene Spezialdiskurse miteinander verschränken".[75]

So stellen Kollektivsymbole diskurstheoretisch betrachtet vor allem „Kopplungen von Spezialdiskursen und -wissensbereichen"[76] dar. Zeichentheoretisch betrachtet definiert Parr sie als „komplexe, ikonisch motivierte und paradigmatisch expandierte Zeichen".[77]

Der Terminus ‚Kollektivsymbol' geht auf Link zurück. Für ihn bilden „Kollektivsymbole [...] einen Spezialfall der *Topoi* (Singular *Topos* zu griech. Topos = Allgemeinplatz), d.h. der kollektiv verankerten literarischen Klischees."[78] Sie gelten als soziale Träger, die in den meisten Fällen große Teile einer Gesellschaft umfassen. Auch Korngiebel, Kühmel und Slobodzian verstehen unter einem Kollektivsymbol „ein syste-

71 Parr, Rolf: Kompetenz: Multi-Interdiskursivität. In: Heimböckel, Dieter [Hrsg.]: Zwischen Provokation und Usurpation: kuluRRevolution als (un-)vollendetes Projekt der Literatur- und Sprachwissenschaften. München [u.a.]: Fink 2010. S. 88.

72 Ebd.

73 Ebd., S. 89.

74 Ebd.

75 Jäger, Margarete; Jäger, Siegfried: Deutungskämpfe. [...]. S. 40.

76 Parr, Rolf: Medialität und Interdiskursivität. In: Mein, Georg; Sieburg, Heinz [Hrsg.]: Medien des Wissens. Interdisziplinäre Aspekt von Medialität. Bielefeld: transcript Verlag 2011. S. 35.

77 Ebd.

78 Link, Jürgen: Literaturwissenschaftliche Grundbegriffe. 6. Auflage. München: Wilhelm Fink Verlag 1997. S. 192. Hervorhebung im Original.

matisches Konzept für alle Typen kollektiv verwendeter Bildlichkeiten (ästhetisch, politisch, alltäglich), mittels derer sich Kulturen konstituieren".[79] Ein Kollektivsymbol ist demnach ein Symbol, welches sich innerhalb einer spezifischen Kultur verbreitet hat und dort bekannt ist.

Ein Merkmal des Kollektivsymbols besteht darin, dass es zweigliedrig aufgebaut ist: Es besteht aus einer Pictura (Bildseite) und einer Subscriptio (dem eigentlich Gemeinten). Dies beinhaltet, dass ein Kollektivsymbol immer semantisch und bildlich motiviert ist, denn die sprachliche Seite des Symbols wird bildlich dargestellt. Die Pictura-Elemente müssen also ikonisch darstellbar sein.[80] Dabei tendieren sie zu einer Polysemie, so dass unter einem Bild mehrere Bedeutungen abgebildet werden, die durchaus verschieden sein können.[81] Auffällig ist, dass Kollektivsymbole immer einen Alltagsbezug haben. Dies begründet sich darin, dass sie spezielle Themen verständlich aufbereiten, da sie laut Parr und Reinecke die „komplexe Logik sogenannter Sachfragen auf einfache Bildlogiken"[82] reduzieren. Darüber hinaus ist festzuhalten, dass Kollektivsymbole sich von Metaphern unterscheiden. Kollektivsymbole schließen einzelne Metaphern mit ein, können aber durch ihre Mehrgliedrigkeit darüber hinaus gehen, da die Bildseite von Kollektivsymbolen aus mehreren zusammengehörigen Teil-Bildern besteht. Parr definiert genauer, dass auf der horizontalen Ebene ein Pictura- jeweils einem Subscriptio-Element zugeordnet ist, während die beiden Reihen vertikal zu einer „zumindest rudimentären Isotopie expandiert sein müssen".[83] Dies unterscheide sie von klassischen Metaphern. Nach Aristoteles basiert eine Metapher auf einem Wort. Beim metaphorischen Gebrauch wird jedoch nicht einfach ein Wort anders verwendet, sondern

79 Korngiebel, Wilfried; Kühmel, Bernhard; Slobodzian, Susanne: Europäische Identität – Synchrones System kollektiver Symbole in Zeiten der Krise. Applikationen für Weiterbildung und Unterricht. In: kuluRRevolution: Zeitschrift für angewandte Diskurstheorie. Essen: Klartext Verlag 2019. Nr. 76. S. 55.

80 Vgl. Parr, Rolf: Kompetenz: Multi-Interdiskursivität. [...]. S. 88.

81 Vgl. Jäger, Margarete; Jäger, Siegfried: Deutungskämpfe. [...]. S. 45.

82 Parr, Rolf; Reinecke, Siegfried: Faszinationsenergie. Zur symbolischen Realität im neuen Deutschland. In: medium. Zeitschrift für Hörfunk, Fernsehen, Film, Presse. Frankfurt a.M.: Gemeinschaftswerk der Evangelischen Publizistik. Berlin: VISTAS 1992. 22. Jg. H. 1. S. 9.

83 Parr, Rolf: Medialität und Interdiskursivität. [...]. S. 36.

> [e]s ist charakteristisch für die Metapher, daß [sic!] dem Hörer/Leser eine dominante Bedeutung als Ausgangsdeutung gegenwärtig sein muß [sic!], sonst handelt es sich nicht um eine Metapher, sondern um eine Polysemie [...].[84]

Kollektivsymbole können außerdem eine „syntagmatische Expansivität"[85] entfalten, sie lassen sich weitererzählen. Zudem lassen sie sich durch Bildbrüche miteinander verbinden, ohne dass die Verständlichkeit des Gesagten verloren geht. Dies nennt sich ‚Katachrese'[86]. Sie stellt ein „synchrones Subsystem von Tropen[87] dar, das in sich widersprüchlich gefügt ist".[88] Aus der Katachrese heraus kann sich ein Katachresen-Mäander entwickeln.[89] Jäger und Jäger bezeichnen denselben Umstand als „dramatisierende Symbolkette"[90], das heißt, die Kollektivsymbole tauchen als Kette von Bildbrüchen auf.

Kollektivsymbole bilden einen großen Faktor für das kollektive Gedächtnis von Kulturen.[91] Sie ermöglichen Mitgliedern diverser kultureller Formationen „sich als dazugehörend zu erkennen zu geben".[92]

Daher ist auch ein interkulturelles Verständnis für Kollektivsymbole, die länderübergreifend wirken sollen oder sich von Land zu Land unterscheiden, wichtig. Auch Parr hält fest:

> So fallen die Grenzen der Reichweite einzelner je kulturell spezifischer Symbol-Systeme auch keinesfalls mit den Grenzen der Nationalstaaten zusammen. Gerade in Europa wird man vielmehr von einem gemeinsamen

84 Kurz, Gerhard: Metapher, Allegorie, Symbol. 6. Auflage. Kleine Reihe V&R. Vandenhoeck und Ruprecht GmbH 2009. S. 18.

85 Jäger, Margarete; Jäger, Siegfried: Deutungskämpfe. [...]. S. 44.

86 Diese Bezeichnung kommt aus dem griechischen von katàchresis, was ‚Missbrauch' bedeutet. (Vgl. Link, Jürgen: Literaturwissenschaftliche Grundbegriffe. [...]. S. 159).

87 Tropen kommen aus dem griechischen von tropos, was ‚Wendung' bedeutet. Tropen sind Verfremdungen. (Vgl. ebd., S. 140).

88 Ebd., S. 161.

89 Ein Mäander ist eine in Schleifen fortschreitende Bewegung. (Vgl. Link, Jürgen: Konturen medialer Kollektivsymbolik in der BRD und in den USA. In: Grzybek, Peter [Hrsg.]: Cultural Semiotics: Facts and Faces. Bochumer Beiträge zur Semiotik. Bochum: Brockmeyer 19991. S. 112).

90 Jäger, Margarete; Jäger, Siegfried: Deutungskämpfe. [...]. S. 57.

91 Vgl. Parr, Rolf: Medialität und Interdiskursivität. [...]. S. 41.

92 Fleischer, Michael: Kulturtheorie. [...] S. 334.

> Grundbestand an Symbolen ausgehen müssen, zu dem dann differenzierende, je kulturspezifische Elemente hinzukommen.[93]

Dies wird auch in Bezug auf Kollektivsymbole in den sozialen Medien relevant, denn durch die globale digitale Vernetzung werden kulturspezifische Symbole schnell über Ländergrenzen hinaus vermittelt.

Hier werden Kollektivsymbole also nicht als literarische Symbole, sondern der öffentliche Umgang mit Kollektivsymbolen, wie ihre Verwendung im Internet, untersucht.[94] Fleischer betont, dass Kollektivsymbole die Kraft besitzen, Meinungen oder Standpunkte „zu polarisieren, zu manipulieren und auszugrenzen“[95] und dies effizienter und präziser als es mit anderen sprachlichen Mitteln bewerkstelligt werden könnte. Diese Kraft zeigt sich in Verschwörungsmythen, bei denen durch Kollektivsymbole in sozialen Netzwerken konkrete Erzählungen verbreitet werden. Parr analysiert darüber hinaus, dass Kollektivsymbole als Interdiskurselemente nicht ständig neu produziert werden, sondern auf einigen relativ stabilen und immer wiederkehrenden Bildlichkeiten beruhen. Als Beispiele nennt er

> ‚Organismus‘, ‚Körper‘, ‚Schiff‘, ‚Auto‘ […] – also Symbole die zwar mit verschiedenen Spezialdiskursen verbunden sein können […], die aber jenseits solcher Spezialität in ganz verschiedenen Diskursen vorkommen und zugleich durch ganz unterschiedliche soziale Träger verwendet werden können.[96]

Er verweist hier auf ein kohärentes System an Kollektivsymbolen, das Kulturen ausgebildet haben.

3.1 Die Etablierung von Kollektivsymbolen durch soziale Medien

Ein Blick in die sozialen Medien zeigt, dass diese in den letzten Jahren einen großen Beitrag zu der Verbreitung von Kollektivsymbolen geleistet haben. Sie etablieren sich hier in einer Art Dominoeffekt: Von den

93 Fleischer, Michael: Kulturtheorie. […] S. 90.

94 Darauf aufbauend wird in der folgenden Analyse die Untersuchung von Pictura- und Subscriptio-Elementen nicht über eine Tabelle oder Schemata stattfinden, sondern in der Auseinandersetzung im Fließtext.

95 Fleischer, Michael: Kulturtheorie. […]. S. 330.

96 Ebd.

Aussagen bekannter Persönlichkeiten oder Parteien auf sozialen Plattformen hin zu den Leser*innen, die sich mit den Kollektivsymbolen auseinandersetzen, bis hin zu dem Schreiben und Veröffentlichen eines eigenen Beitrags und darin enthaltenen Kollektivsymbolen in den sozialen Medien. Diese Beiträge sammeln sich dabei häufig unter Hashtags. Bernard analysiert: „Linguistisch gesprochen steht der Hashtag damit auf der Schwelle zwischen Text und Metatext und stülpt zuvor verborgene Schritte der Katalogisierung und Verschlagwortung nach außen.“[97] Jede Twitter-Timeline, jeder Instagram-Beitrag ist durch den Hashtag an einer kollektiven Verschlagwortung der Welt beteiligt. So können sich auch Kollektivsymbole als Hashtags herausbilden und zu „Knotenpunkten einer neuen Medienöffentlichkeit“[98] werden.

In den sozialen Medien gilt es, mit wenig Text oder manchmal nur einem Bild eine Botschaft zu vermitteln. Kollektivsymbole helfen dabei, komplexe Logiken vereinfacht darzustellen und durch Alltagsbezüge für Zielgruppen verständlich zu machen, die mit diesem Symbolsystem vertraut sind. Oftmals werden durch die Anwendung in sozialen Medien und die schnelle und weitreichende Verbreitung auf den Plattformen neue Kollektivsymbole etabliert. Ein Beispiel hierfür ist Greta Thunberg, die in einer ihrer Reden das Kollektivsymbol „our house is on fire“[99] nutzt und dieses vor allem durch die Streuung über soziale Medien etabliert hat. Unter ‚#ourhouseisonfire‘ findet sich auf den Plattformen Instagram und Twitter eine Vielzahl an Beiträgen, die sich mit Thunbergs Botschaften auseinandersetzen. Das Kollektivsymbol wird im Internet so zu einem eigenen Hashtag und verbreitet sich rasant schnell in der dynamischen digitalen Welt. Es bildet sich eine riesige Online-Anhänger*innenschaft Thunbergs, die sich unter diesem Hashtag sammelt und präsentiert.[100] Die Bedeutung von Social Media ist für die Proliferation von Kollektivsymbolen demnach sehr groß.

97 Bernard, Andreas: Das Diktat des #hashtags. […]. S. 9.

98 Ebd., S. 56.

99 Thunberg, Greta. Davos. 25.01.2019. FridaysForFuture.org. URL: https://www.fridaysforfuture.org/greta-speeches#greta_speech_jan25_2019 [Zuletzt aufgerufen am 23.12.2020].

100 Vgl. Greve, Sophie: »Our house is on fire«. Greta Thunberg etabliert ein wirkungsmächtiges Kollektivsymbol. […]. S. 116–122.

Laut Jäger und Jäger sind Kollektivsymbole diskurstragende Elemente, da sie aufgrund ihres „spezifischen Symbolcharakters“[101] rationales wie auch emotional gefärbtes Wissen erzeugen und „komplexe Wirklichkeiten simplifizieren, plausibel machen und damit in spezifischer Weise deuten“.[102] Genau dieses Merkmal prädestiniert sie für die Nutzung in den sozialen Medien und vor allem für die Verwendung in Verschwörungsmythen und ‚Fake Facts‘ auf sozialen Plattformen. Gegen Kollektivsymbole kann nur äußerst schwer argumentiert werden, da sie kaum Auseinandersetzungen zulassen, indem sie aufgrund der Fülle an Bedeutungen, die sie enthalten können, sehr komplex sind. Außerdem wird die Verantwortung für das Verstehen des Gemeinten dem/der Rezipient*in auferlegt, der/die sich mit seiner/ihrer Deutung zu bekennen hat. So verleihen Kollektivsymbole dem/der Sender*in einen Grad an Autorität. Kollektivsymbole, die durch Social Media etabliert werden, erlauben „eine (so oder überhaupt) nicht stimmende Behauptung aufzustellen und als tatsächliche Gegebenheit in den Raum zu stellen, ohne daß [sic!] Zweifel geäußert oder zugelassen werden“.[103] Aussagen, die dann online durch diese Kollektivsymbole vermittelt werden, werden nicht hinterfragt und als gültig angenommen. Dies lässt erkennen, warum Kollektivsymbole in der digitalen Verbreitung von Verschwörungsmythen und ‚Fake Facts‘ eine große Rolle spielen.

---

101 Jäger, Margarete; Jäger, Siegfried: Deutungskämpfe. […]. S. 39.

102 Ebd.

103 Fleischer, Michael: Kulturtheorie. Systemtheoretische und evolutionäre Grundlagen. […]. S. 337.

4. Telegram

Einen großen Beitrag zur digitalen Verbreitung von Verschwörungsmythen in sozialen Medien leistet der Instant Messaging Dienst Telegram. Über dieses soziale Netzwerk können Nutzer*innen Chatnachrichten, Fotos, Videos und Sprachaufnahmen versenden und telefonieren. Man kann darüber hinaus in Gruppen, die bis zu 200.000 Mitglieder fassen, kommunizieren. Zudem ist es möglich, einen öffentlichen Kanal zu erstellen, den unbegrenzt viele Menschen abonnieren können.[104] Im April 2020 verzeichnete die soziale Plattform rund 400 Millionen monatlich aktive Nutzer*innen.[105] Die Reichweite von Telegram ist in der Zeit der Corona-Pandemie weiter gestiegen: Die sogenannten ‚Corona-Leugner*innen' haben sich hier formiert, „weil mit der insgesamt relativ sicheren Kommunikation recht große Gruppen [...] erreicht werden können".[106]

Telegram wird zwar zum Beispiel von Nachrichtenportalen wie der ‚Tagesschau' genutzt, um Interessierten aktuelle Neuigkeiten zukommen zu lassen[107], gleichzeitig finden sich hier jedoch viele Kanäle organisierter Kriminalität und Anhänger*innen des rechten politischen

---

104 Die beiden Gründer Pavel Durov und Nikolai Durov haben Telegram am 14. August 2013 für das iPhone und am 20. Oktober 2013 für Android veröffentlicht. (Vgl. Telegram.de. URL: https://telegram.org/faq [zuletzt aufgerufen am 23.12.2020]).

105 Vgl. Welchering, Peter: Rasanter Anstieg durch Corona. Warum Telegram und Co. durch Corona boomen. ZDF.de. 12.12.2020. URL: https://www.zdf.de/nachrichten/digitales/boom-parler-bitchute-telegram-100.html [zuletzt aufgerufen am 23.12.2020].

106 Ebd.

107 Vgl. Tagesschau.de. 29.10.2020. URL: https://www.tagesschau.de/inland/messenger-109.html [zuletzt aufgerufen am 23.12.2020].

Spektrums. So haben Gruppen von Mitgliedern der ‚Identitären Bewegung'[108] teilweise 50.000 bis 60.000 Mitglieder.[109]

Eine Person, die im Jahr 2020 über die Plattform Telegram besonders populär geworden ist, ist Attila Hildmann. Der vegane Koch und Kochbuchautor ist auf der Plattform vor allem durch das Verbreiten von Verschwörungsmythen aufgefallen. Hinzu kommen Antisemitismus-Vorwürfe gegen seine öffentlich geteilten Aussagen. Ende Mai 2020 wurde Hildmann bei einer Demonstration in der Nähe des Berliner Reichstagsgebäudes kurzzeitig festgenommen, da ihm Verstöße gegen das Versammlungs- und Infektionsschutzgesetz zu Corona-Zeiten vorgeworfen wurden.[110] Im November 2020 berichtet ZEIT ONLINE, dass die Staatsanwaltschaft Berlin Ermittlungen gegen Attila Hildmann aufgenommen hat. Der Hintergrund sind Anzeigen gegen ihn mit dem „Verdacht der Volksverhetzung und der Bedrohung".[111] Der gefährliche Antisemitismus, den er verbreitet hat, lässt sich an den Postings auf seinem Telegram-Kanal eindeutig ausmachen: Er leugnet dort unter anderem den Holocaust und bezeichnet Jüd*innen als „Weltparasiten"[112]. Im Mai 2021 wurde der Telegram-Kanal von Attila Hildmann

108 Die ‚Identitäre Bewegung' ist eine politische Strömung der ‚Neuen Rechten'. Sie selbst versteht sich als eine europaweite und aktionistisch orientierte Jugendbewegung. Ihr priorisiertes Themenfeld bezieht sich auf die „Gefährdung der kulturellen Identität Europas durch die zunehmende ‚Islamisierung', die Ablehnung der multikulturellen Gesellschaft und Widerstand gegen außereuropäische Einwanderung". (Tennert, Falk: Jugendbewegungen im Netz. Digitale Kommunikationsstrategien der „Identitären Bewegung". In: Bigl, Benjamin [Hrsg.]: Transfer Plus – Aktuelle Beiträge zur Medienbildung. Band 1. Torgau: Landkreis Nordsachsen. 2020. S. 1).

109 Vgl. Welchering, Peter: Rasanter Anstieg durch Corona. […].

110 Vgl. Leitlein, Hannes: Antisemitismusvorwurf. Staatsschutz prüft Hinweise gegen Attila Hildmann. ZEIT.de. 19.06.2020. URL: https://www.zeit.de/gesellschaft/2020-06/antisemitismus-vorwurf-attila-hildmann-staatsschutz-prueft-netz [zuletzt aufgerufen am 23.12.2020].

111 Richter, Steffen: Corona. Staatsanwaltschaft Berlin übernimmt Ermittlungen gegen Attila Hildmann. ZEIT.de. 19.11.2020. URL: https://www.zeit.de/gesellschaft/zeitgeschehen/2020-11/attila-hildmann-ermittlungen-berliner-justiz-corona-verschwoerungsideologe-hasskriminalitaet-wohnungsdurchsuchung [zuletzt aufgerufen am 23.12.2020].

112 Vgl. Hildmann, Atilla. Telegram.org. 31.03.2021. URL: https://t.me/s/ATTILAHILDMANN [zuletzt aufgerufen am 16.04.2021].

gesperrt. Wer den Kanal sperrte, ist unklar.[113] Zuvor betrieb er den Kanal öffentlich mit 116.000 Abonnent*innen (Stand April 2021).[114] Diesen Kanal nutzte er vorwiegend um Verschwörungserzählungen und ‚Fake Facts' zu verbreiten. Dabei betrieb er regelmäßig Online Hate Speech[115] und verbreitete seine politische Propaganda.[116] Er hat maßgeblich dazu beigetragen, dass sogenannte ‚Corona-Leugner*innen' die Plattform Telegram seit dem Jahr 2020 als Propaganda-Plattform für ihre Ansichten und die Verbreitung von Verschwörungserzählungen nutzen.

In der Forschung finden sich verschiedene Ansätze (zum Beispiel Bussemer, Maletzke, Borsò, Liermann und Merziger) mit abweichenden Definitionen der Bezeichnung ‚Propaganda'. Hier wird sich unter anderem an Maletzke orientiert, der festhält, dass Propaganda („lat. ausstreuen, ausbreiten, fortpflanzen"[117]) für „geplante Versuche, durch Kommunikation die Meinungen, Attitüden, Verhaltensweisen von Zielgruppen *unter politischer Zielsetzung* zu beeinflussen"[118] steht. Demnach ist schon der Versuch der Beeinflussung, unabhängig von Erfolg oder Misserfolg, als Propaganda zu verstehen.

Aus der Perspektive der Politikwissenschaft bildet Propaganda einen der wesentlichen Bestandteile der Totalitarismustheorie, „da diese davon ausgeht, dass totalitäre Gesellschaften alle Massenkommunikationsmittel monopolisieren und für die Indoktrination der Bevöl-

113 Vgl. Mansholt, Malte: Gesperrt bei Telegram: Attila Hildmann verliert seine letzte große Bühne. stern.de. 09.06.2021. URL: https://www.stern.de/digital/online/gesperrt-bei-telegram--attila-hildmann-verliert-seine-letzte-buehne-30563900.html [zuletzt aufgerufen am 16.07.2021].

114 Vgl. Hildmann, Atilla. Telegram.org. URL: https://t.me/s/ATTILAHILDMANN [zuletzt aufgerufen am 16.04.2021].

115 Hate Speech ist die verbale Herabwürdigung eines Individuums oder einer Personengruppe. Oftmals tritt dies direkt in Verbindung mit dem gezielten Aufruf zu Hass und Gewalt auf. (Vgl. Brings-Wiesen, Tobias: Das Phänomen der „Online Hate Speech" aus juristischer Perspektive. In: Kasper, Kai; Gräßer, Lars; Riffi, Aycha [Hrsg.]: Online Hate Speech. Perspektiven auf eine neue Form des Hasses. Schriftenreihe zur digitalen Gesellschaft NRW. Band 4. Düsseldorf [u.a.]: Kopaed Verlag 2017. S. 35).

116 Vgl. Hildmann, Atilla. Telegram.org. […].

117 Maletzke, Gerhard: Bausteine zur Kommunikationswissenschaft. 1949–1948. Ausgewählte Aufsätze zu Problemen, Begriffen, Perspektiven. Berlin: Wissenschaftsverlag Volker Springer 1984. S. 27.

118 Ebd., S. 100. Hervorh. im Original.

kerung einsetzen".[119] So wird Propaganda auch für die Entstehung extremistischer Tendenzen in Demokratien verantwortlich gemacht. Aus der Perspektive der Kommunikationswissenschaft bildet Propaganda eine Form der systematisch geplanten „Massenkommunikation, die nicht informieren oder argumentieren, sondern überreden oder überzeugen möchte".[120] Sie bedient sich dabei in der Regel einer symbolisch aufgeladenen, ideologiegeprägten Sprache.

Es wird deutlich, dass den verschiedenen Perspektiven unterschiedliche Definitionen zugrunde liegen. Ein einheitlicher Propagandabegriff liegt nicht vor, sondern Konzepte von Propaganda entstehen innerhalb des Beziehungsgeflechtes von Gesellschaft, Politik und Wissenschaft. Eine gemeinsame Schnittmenge der Begriffsprägungen liegt – laut Bussemer – darin, dass Propaganda sich vor allem durch die Komplementarität eines überhöhten Selbst- und eines denunzierenden Fremdbildes auszeichnet. Die Wahrheit wird dem instrumentellen Kriterium der Effizienz untergeordnet, Propaganda versucht ihre Botschaften und Handlungsaufforderungen zu neutralisieren, „so dass diese als selbstverständliche und naheliegende Schlussfolgerungen erscheinen".[121] So gilt Propaganda auch als Technik, die zweckgerichtet politische Ziele verfolgt. Sie zielt auf die Strategie der Überredung ab und will Menschen von bestimmten Haltungen überzeugen. Dabei arbeitet sie mit sprachlichen und bildlichen Elementen, die auf eindeutigen Dichotomien beruhen. Die Bezeichnung ist in Deutschland vor allem durch die Zeit des Nationalsozialismus geprägt worden und wird auch heute mit Lüge, Manipulation und ähnlichen Konnotationen gleichgesetzt. Im 21. Jahrhundert wird als Synonym für ‚Propaganda' die Bezeichnung der politischen Kommunikation verwendet, diese reicht jedoch in ihrem Wortsinn viel weiter: Propaganda ist zwar immer politische Kommunikation, es gibt jedoch daneben andere Formen von politischer Kommunikation, die nicht unter Propaganda zu subsumieren sind. Politische Kommunikation kann somit als umfassen-

119 Bussemer, Thymian: Propaganda. Konzepte und Theorien. Mit einführendem Vorwort von Peter Glotz. 2., überarbeitete Auflage. Wiesbaden: VS Verlag für Sozialwissenschaften 2008. S. 13.

120 Ebd.

121 Ebd., S. 33

dere, übergeordneter Bezeichnung angesehen werden und Propaganda als ein Teilgebiet der politischen Kommunikation.[122]

4.1 Die Propaganda des Charakterbildes ‚böse Verschwörer*innen'

In der Zeit der Ausbreitung der COVID-19-Pandemie äußert sich der Koch Attila Hildmann täglich zum aktuellen Geschehen auf seinem Telegram-Kanal. Seine Äußerungen reihen sich in die Verschwörungsmythen ein, die rund um das Virus verbreitet werden. Dazu zählen beispielsweise die Ideen, dass es sich bei dem Virus um eine ‚Biowaffe' handeln würde, die in einem Labor in Wuhan hergestellt worden sei, oder dass der Microsoft Gründer Bill Gates oder der ungarisch-amerikanische Unternehmer und Philanthrop George Soros für die Pandemie verantwortlich seien.[123] Mit diesen Erzählungen suchen Verschwörungsideolog*innen nach Akteur*innen, die zur Verantwortung gezogen werden können und orientieren sich dabei oftmals an rassistischen oder antisemitischen Mustern. So wird mit Hilfe von sprachlichen Mitteln ein Charakterbild der ‚bösen Verschwörer*innen' gezeichnet.

Viele Verschwörungsmythen zeichnen das Bild von ‚denen da oben', die einen geheimen Plan verfolgen. Auch Hildmann bezieht sich auf seinem Telegram-Kanal auf ‚sie', die ‚da oben' etwas vermeintlich Böses planen. So wird das abstrakte Geschehen ‚Pandemie' durch Personalisierungen greifbar gemacht. Wer genau gemeint ist bleibt unklar.

Hildmann bezeichnet am 18. Oktober 2020 die COVID-19-Pandemie als „STAATSSTREICH VON OBEN".[124] Im Video zum Post ist ein Fahrzeug der Polizei zu sehen, welches eine Durchsage abspielt, aktuell bitte Abstand zu halten und eine Maske zu tragen. Er betitelt das Video mit folgendem Text:

122 Vgl. Maletzke, Gerhard: Bausteine zur Kommunikationswissenschaft. [...]. S. 97–101.

123 Vgl. Nocun, Katharina; Lamberty, Pia: Fake Facts. Wie Verschwörungstheorien unser Denken bestimmen. [...]. S. 260.

124 Hildmann, Attila. Telegram.org. 18.10.2020. URL: https://t.me/s/ATTILAHILDMANN [zuletzt aufgerufen am 16.04.2021]. Hervorh. im Original.

> Es geht wieder los! KORONA IST EIN STAATSSTREICH VON OBEN! GLAUBT IHNEN KEIN EINZIGES WORT! WENN IHR EUCH JETZT WIEDER EINSPERREN LASST WIRD ES FÜR IMMER SEIN![125]

Auch in vielen weiteren Postings greift Hildmann dieses Bild eines von oben ausgeführten Staatsstreiches auf. So verwendet er es zum Beispiel auch schon am 15. Oktober 2020:

Abb. 1: Hildmann, Attila. Telegram.org. 15.10.2020.

Er folgt hier der bekannten Argumentationsstruktur von Verschwörungsideolog*innen, die bereits zu Beginn ihrer „Untersuchung"[126] einer Sachlage wissen, wer ihrer Einschätzung nach die Schuldigen sind. Ihre vermeintlichen Beweisführungen sind dementsprechend darauf ausgelegt, ihren Verdacht zu bestätigen. Mit ‚denen da oben' scheint Hildmann hier die Politiker*innen der deutschen Bundesregierung zu meinen. Typisch für Verschwörungsmythen ist es, dass

125 Hildmann, Attila. Telegram.org. 18.10.2020. URL: https://t.me/s/ATTILAHILDMANN [zuletzt aufgerufen am 16.04.2021]. Hervorh. im Original.

126 Butter, Michael: »Nichts ist wie es scheint«. […]. S. 60.

sich ein Bild einer „hierarchisch organisierten, mehrere Ebenen [...] umfassenden Verschwörergemeinschaft"[127] zeichnet. Dabei kann die genaue Führungsriege der Verschwörung jedoch nicht identifiziert werden. Die Vagheit von Anschuldigungen und Aussagen wird hier strategisch genutzt, da sie den Leser*innen erlaubt, ihre eigenen Ängste in die Leerstellen hinein zu projizieren. So lässt sich auch bei Hildmann immer nur vermuten, wer genau hinter ‚ihnen', ‚sie' und ‚denen da oben' stecken könnte. Selbst wenn man der Vermutung nachgeht, dass er die Politik, oder spezifische Politiker*innen wie Jens Spahn oder Angela Merkel meint, wird dennoch nicht ersichtlich, welchen Zweck diese ‚Verschwörer*innen' seiner Meinung nach verfolgen. Er deutet nur an, die Leerstellen können die Leser*innen selbst füllen.

Kritisches Denken und politische Diskussion sind wichtiger Bestandteil einer Krisensituation. Hildmann geht jedoch über einfache Kritik an der Regierung hinaus:

> Zwischen einer fundierten Kritik an staatlichem Handeln – was zweifellos zum Wesen der Demokratien dazu gehört – und blindem Misstrauen, gibt es allerdings Unterschiede. Wer meint, dass alle Wissenschaftler eigentlich nur Handlanger einer im Geheimen agierenden Elite seien, hat den Boden eines rationalen Diskurses längst verlassen.[128]

Genau diesen „Boden eines rationalen Diskurses"[129] hat Hildmann verlassen. Er bildet mit seinem Telegram-Kanal und seinen Telegram-Chats Echokammern für Verschwörungsideolog*innen. Es entsteht eine Teilöffentlichkeit, die beeinflusst wird durch seine Propaganda. Diese Teilöffentlichkeit geht davon aus, die Wahrheit zu erkennen, die der Rest der Bevölkerung nicht wahrnimmt.

Menschen, die nicht an die Verschwörungen glauben, werden online als ‚Schlafschafe' diffamiert. So wird ein Kollektivsymbol verwendet, um Verschwörungsmythen zu untermauern. Auf dieses Kollektivsymbol bezieht sich auch Hildmann:

127 Butter, Michael: »Nichts ist wie es scheint«. [...]. S. 24.

128 Nocun, Katharina; Lamberty, Pia: Fake Facts. Wie Verschwörungstheorien unser Denken bestimmen [...]. S. 266.

129 Ebd.

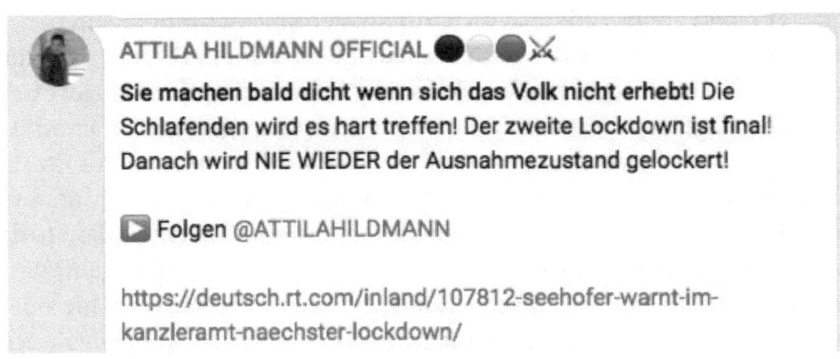

Abb. 2: Hildmann, Attila. Telegram.org. 14.10.2020.

Die breite Masse als schlafend oder blind darzustellen, dient hier der Betonung der Unwissenheit und Naivität dieser Menschen. Denn für die Verschwörungsideolog*innen geht diese „mit geschlossenen Augen durch die Welt und erkennt nicht, was um sie herum eigentlich geschieht".[130] Im Gegensatz zu den ‚Schlafenden' erleben sich die Verschwörungsideolog*innen selbst als wach. So können sie erkennen, was die ebenfalls wachen ‚bösen Verschwörer*innen' planen. Aus diesem Grund sehen sie sich dazu berufen, andere Menschen zu warnen und aus ihrem ‚Schlaf' zu erwecken. Butter hält hier fest, dass heutzutage viele Verschwörungsideolog*innen gar nicht mehr daran glauben, dass die Mehrheit der Menschen überhaupt verstehen will, was wirklich vor sich geht. So werden diejenigen, die ihre Erkenntnisse als Spinnereien abtun, als „Schlafschaf[e]"[131] bezeichnet. Diese Zuschreibung weist also nicht allein auf Unwissenheit und Naivität hin, sondern hat einen beleidigenden Charakter. Das Kollektivsymbol setzt sich aus der Pictura des ‚schlafenden Schafes' und der Subscriptio der nicht die vermeintliche Wahrheit erkennenden und somit dummen Menschen zusammen. Es ist ikonisch leicht darstellbar und hat sich durch seinen Alltagsbezug schnell im kulturellen Gedächtnis der Verschwörungsideolog*innen festgesetzt. Durch die Verwendung der Bezeichnung in den Medien hat das Kollektivsymbol vor allem im Jahr

130 Butter, Michael: »Nichts ist wie es scheint«. […]. S. 97.
131 Ebd.

2020 auch Eingang in den kollektiven Sprachgebrauch der deutschen Gesellschaft erlangt.[132]

Darauf aufbauend schreibt Hildmann am 23. Dezember 2020 auf seinem Kanal folgendes:

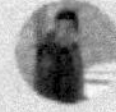

ATTILA HILDMANN

WEITE TEILE DER PFLEGE, APOTHEKER, KRANKENHÄUSER, ÄRZTE SIND TEIL DES VERBRECHENS! BEDENKT IMMER: SIE VERDIENEN AN DER KRANKHEIT! ES IST EINE MAFIA IN WEISSEN KITTELN! SIE SIND DIE EXEKUTIVE DER PANDEMIE UND STECKEN DEN LEUTEN IHRE PCR-TESTS IN DEN RACHEN ODER NÖTIGEN SIE BALD ZUR GEN-IMPFUNG! DAS IST NICHT ECHTE GESUNDHEIT, WAS SIE VERMITTELN! SIE SIND WICHTIGE SPIELER DER ILLUMINATEN! SIE NUTZEN AUS, DASS MENSCHEN GLAUBEN, DIE KOLLEGEN IN DEN WEISSEN KITTELN MEINEN ES IMMER GUT UND GESUNDHEIT UND GESUNDHEITSSYSTEM SEI WAS GUTES! ES IST EINE MAFIA! SIE VERDIENEN NUR AN ELEND UND NICHT WENN MENSCHEN GESUND SIND! ES SIND GESCHMIERTE VERRÄTER! BEI NER ECHTEN PANDEMIE WÜRDEN DIE AUCH NICHT SO DUMM RUMTANZEN WIE HIER: https://youtu.be/76TI3AYEZ64

16.9K edited 02:23

ATTILA HILDMANN 

IN 75 JAHREN HABEN SIE DEN DEUTSCHEN DAS DEUTSCHSEIN ABERZOGEN UND SIE KASTRIERT, ES IST WIRKLICH EIN TRAUERSPIEL! DIE GANZEN KASTRIERTEN SCHAFE WERDEN DIE NWO EH NICHT ÜBERLEBEN! DIE ECHTEN DEUTSCHEN WÖLFE WERDEN WIEDER AUFERSTEHEN DENN SIE WERDEN AUCH MIT DIE SEIN, DIE ÜBERLEBEN UND DIESEN SATANISCHEN FEIND BESIEGEN!

16.8K edited 02:25

Abb. 3: Hildmann, Attila. Telegram.org. 23.12.2020.

Über verschiedene konspirationistische Anschuldigungen hinaus, wird hier das Bild des ‚Schafes' wiederaufgenommen. Es wird die Symbolik

132 Vgl. z. B. BR Fernsehen: „Schlafschafe" gegen „Aluhüte"? Wie Verschwörungsglaube Familien spaltet. 24.09.2020. Br.de. URL: https://www.br.de/mediathek/video/schlafschafe-gegen-aluhuete-wie-verschwoerungsglaube-familien-spaltet-av:5f6d08225be4c3001b7e8562 [zuletzt aufgerufen am 30.12.2020].

des ‚dummen Schafes' und des ‚klugen Wolfes' eröffnet, die wiederum ein Verweis auf das Kollektivsymbol ‚Schlafschaf' ist.

Der Definition nach Brodnig zufolge ist die Person Attila Hildmann der Gruppierung der digitalen „Informationskrieger"[133] zuzuordnen. Diese sind Verschwörungsideolog*innen, die an einen sogenannten Informationskrieg glauben, bei dem die Bevölkerung von „den Eliten"[134] belogen wird. Solche Personen denken, laut Brodnig, dass sie besser informiert seien als andere Menschen. Sie sind so von ihrer Sache überzeugt, dass sie es nicht mehr für notwendig erachten, Andersdenkende mit Respekt zu behandeln und dulden daher selten Widerspruch. Dabei folgen sie einer bestimmten Taktik: Sie agieren so, als seien sie die wahren Opfer in der Auseinandersetzung. Dies gelingt ihnen, indem sie mit dem zentralen demokratischen Terminus „der ‚Meinungsfreiheit' hantieren und andere als ‚Zensoren' beschimpfen".[135]

Hierbei ist jedoch hervorzuheben, dass nicht jede verschwörungsideologische Aussage auch als eine Meinung zu werten ist. Vielfach sind sie eher einer Tatsachenbehauptung zuzuordnen. Eine genaue Unterscheidung dieser beiden Phänomene ist nicht eindeutig festzumachen. So ist eine Meinung als Werturteil subjektiv und nicht nachprüfbar. Eine Tatsachenbehauptung hingegen ist objektiv nachweisbar. Wer falsche Tatsachen behauptet, kann als Lügner*in aufgrund von übler Nachrede oder Verleumdung angezeigt werden.[136] Die Grenzen dazwischen sind fließend. Eine klare Abgrenzung kann zwischen Werturteil und Volksverhetzung erfolgen. Volksverhetzung ist eine Straftat, die zum Beispiel „friedensgefährdende Hetze oder die Verbreitung von Hetzschriften"[137] umfasst. Darunter fällt Anstacheln zum Hass, zu Gewalt oder Angriffe auf die Menschenwürde.[138] Genau zwischen den gesetzlichen Grenzen dieser Phänomene bewegt sich Attila Hildmann. In manchen seiner Aussagen ist er mit seiner politischen Hetze jedoch so

133 Brodnig, Ingrid: Hass im Netz. Was wir gegen Hetze, Mobbing und Lügen tun können. Wien: Christian Brandstätter Verlag 2016. S. 57.

134 Ebd.

135 Ebd. […]. S. 86.

136 Vgl. Ley, Hannes: #ichbinhier. Zusammen gegen Fake News und Hass im Netz. […]. S. 139.

137 Ebd., S. 143.

138 Vgl. ebd.

konkret geworden, dass gegen ihn bereits mehrere Anzeigen aufgrund von Volksverhetzung und Bedrohung vorliegen.[139]

Anhand von Hildmanns Postings auf seinem Telegram-Kanal wird deutlich, dass er seine Aussagen häufig mit weiterführenden Links zu Online-Artikeln oder Videos versieht. Diese nutzt er als ‚Beweise', um durch sogenannte ‚alternative Medien'[140] seine Aussagen zu unterstreichen. Teilweise verweist er auf Artikel traditioneller Medien, die er jedoch aus ihrem eigentlichen Kontext heraustrennt und für seine Zwecke anführt. Durch diese Verwendung weiterführender Links versuchen Verschwörungsideolog*innen die eigene Glaubwürdigkeit zu unterstreichen.

Butter benennt mehrere Gründe, solche Erzählungen zu artikulieren: die Verschwörungsideolog*innen wollen ihre erkannte Wahrheit ans Licht bringen; sie verfolgen politisches Kalkül oder handeln schlichtweg aus kommerziellem Interesse. Bei Hildmann kommen all diese Aspekte zusammen. Geschickt integriert er in seine Behauptungen und Anschuldigungen Verweise auf seine eigenen veganen Lebensmittelprodukte, seine Merchandise-Produkte und sein Restaurant in Berlin:

139 Vgl. Richter, Steffen: Corona. Staatsanwaltschaft Berlin übernimmt Ermittlungen gegen Attila Hildmann. […].

140 Butter beobachtet, dass in den letzten Jahren eine ganze Reihe von „vor allem im Netz aktiven Alternativmedien" entstanden ist. Diese nehmen für sich in Anspruch, „den angeblich tendenziösen, mitunter sogar angeblich bewusst manipulierten Informationen der traditionellen Medien eine der Wahrheit verpflichtete Berichterstattung entgegenzustellen". (Butter, Michael: »Nichts ist wie es scheint«. […]. S. 191).

ATTILA HILDMANN

Ihr braucht Lebensmittel-Vorräte für ca. 6 Monate, bald bricht mit Vorsatz das ganze System ein inklusive Lieferketten. Sie wollen euch durch Hunger zur Genspritze nötigen! Keine Genspritze, kein Zugang zum Supermarkt! Die Maskerade war nur ein Test, wie hörig ihr seid, nächste Stufe sind die Impfausweise! Kauft Haferflocken, Nudeln, Mehl um Brot zu backen, Trockenware wie Linsen, Konserven... am besten kauft ihr es im Bioladen ein und unterstützt damit unsere ehrenwerten Biobauern! **Unterstützt nicht die Fascho-Supermärkte, die selbst Behinderte mit Masken-Attest rausschmeißen!** Zusätzlich braucht ihr Verteidigungsmöglichkeiten, Ausrüstung, Schlafsäcke, Stromgenerator, Funkgeräte, Rucksack mit dem Nötigsten immer griffbereit!

Gutschein für meinen Shop mit Bio- und Tierschutzprodukten: www.attilahildmann.de/alles?pc=TOPBIONEU

13.0K edited 00:30

Abb. 4: Hildmann, Attila. Telegram.org. 30.12.2020.

Am 30. Dezember 2020 ruft er seine Abonnent*innen dazu auf, Lebensmittel zu horten und für „Verteidigungsmöglichkeiten“[141] zu sorgen. Der Post endet mit einem Link zu seinem eigenen Online-Shop und kann so als Werbeposting bestimmt werden.

Am Beispiel von Attila Hildmanns Telegram-Kanal wird deutlich, wie Verschwörungsideolog*innen Sprache nutzen, um das Charakterbild der ‚bösen Verschwörer*innen‘ zu zeichnen. Ein wichtiger Aspekt sind Kollektivsymbole, die von ihnen strategisch eingesetzt werden. Durch die vage Verwendung von Kollektivsymbolen schreiben Verschwörungsideolog*innen den digitalen Leser*innen die Macht zu, diese selbst zu deuten. Diese Komplexität macht es – so Fleischer – besonders schwierig, Gegenargumente zu Aussagen, die sich auf Kollektivsymbole beziehen, zu finden.[142] Auch diese Eigenschaft nutzen Verbreiter*innen von Verschwörungserzählungen und ‚Fake Facts‘ für ihre Zwecke.

141 Hildmann, Attila. Telegram.org. 30.12.2020. URL: https://t.me/s/ATTILAHILDMANN [zuletzt aufgerufen am 16.04.2021].

142 Vgl. Fleischer, Michael: Kulturtheorie. […]. S. 333.

4.2 ,Kartenhaus'. Ein Symbol bricht zusammen

Auf der Plattform Telegram lassen sich über das ‚Schlafschaf' hinaus weitere konkrete Kollektivsymbole ausmachen, die von Verschwörungsideolog*innen verwendet werden, um ihre Ansichten online zu streuen. Im Zuge der Corona-Pandemie fällt vor allem das Kollektivsymbol des ‚Kartenhauses' vermehrt auf. Eine öffentliche Persönlichkeit, die dieses Kollektivsymbol verwendet, ist zum Beispiel der deutsche Schlagersänger Michael Wendler, auf seinem Telegram-Kanal mit 154.000 Abonnent*innen (Stand Juli 2021).[143]

Im Oktober 2020 erklärt er seinen Follower*innen in einer Instagram-Story[144]:

> Ladet euch so schnell wie möglich Telegram runter! Telegram ist die einzige Möglichkeit, zensurfrei Meinungen auszutauschen. Alle anderen Portale wie Instagram, YouTube oder Facebook sind zensiert. Und wichtige Informationen, die ihr unbedingt begreifen müsst, werden gelöscht.[145]

Er bezieht sich hier eindeutig auf die bereits erwähnten Warnhinweise zu Falschinformationen auf Facebook und Instagram, mit denen zum Beispiel Verschwörungserzählungen zu COVID-19 markiert werden.

Auf seinem gewählten sozialen Medium Telegram veröffentlicht er am 12. Oktober 2020 folgenden Post zu dem Kollektivsymbol ‚Kartenhaus':

143 Vgl. Wendler, Michael. Telegram.org. 12.10.2020. URL: URL:https://t.me/s/MICHAELWENDLEROFFICIAL [zuletzt aufgerufen am 16.07.2021].

144 Im Februar 2021 wurde Michael Wendlers Instagram-Profil von der Plattform gesperrt. (Vgl. Spiegel.de: Instagram sperrt Account von Schlagerstar Michael Wendler. 11.02.2021. URL: https://www.spiegel.de/netzwelt/apps/schlagersaenger-michael-wendler-instagram-sperrt-account-a-a11c77c0-b83e-4095-9894-237c1bad2cfc [zuletzt aufgerufen am 06.03.2021].

145 Sterz, Christoph: Messenger-Dienst Telegram. Schlechter als sein Ruf. Deutschlandfunk.de. 25.11.2020. URL: https://www.deutschlandfunk.de/messenger-dienst-telegram-schlechter-als-sein-ruf.2907.de.html?dram:article_id=488116 [zuletzt aufgerufen am 02.02.2021].

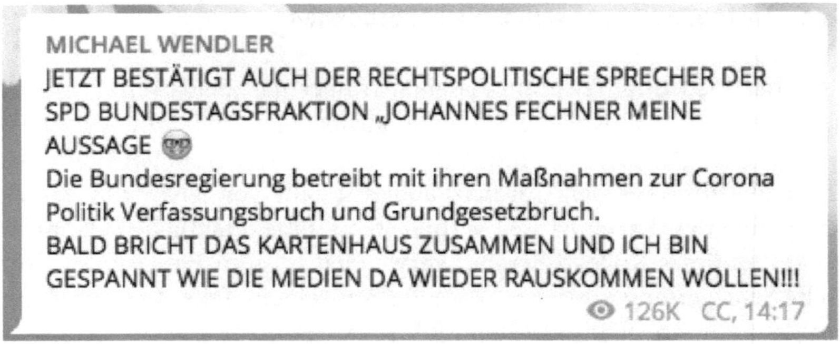

MICHAEL WENDLER
JETZT BESTÄTIGT AUCH DER RECHTSPOLITISCHE SPRECHER DER SPD BUNDESTAGSFRAKTION „JOHANNES FECHNER MEINE AUSSAGE
Die Bundesregierung betreibt mit ihren Maßnahmen zur Corona Politik Verfassungsbruch und Grundgesetzbruch.
BALD BRICHT DAS KARTENHAUS ZUSAMMEN UND ICH BIN GESPANNT WIE DIE MEDIEN DA WIEDER RAUSKOMMEN WOLLEN!!!
126K CC, 14:17

Abb. 5: Wendler, Michael. Telegram.org. 12.10.2020.

Er verbreitet online den ‚Fake Fact', dass die Bundesregierung verfassungswidrig handeln würde. Gleichzeitig reiht er sich mit dieser Aussage in den Verschwörungsmythos ein, dass ‚die da oben', hier die Regierung, einen geheimen Plan verfolgen würden. Am Ende seines Postings verweist er noch auf „DIE MEDIEN"[146]. Diese vage Formulierung lässt sich so deuten, dass er davon ausgeht, dass die Regierung mit der gesamten Medienlandschaft zusammenarbeitet. Er unterstützt hier die weitverbreitete und inkorrekte Verschwörungserzählung, dass alle traditionellen Medien, wie Zeitungen und Fernsehsender, von der Bundesregierung kontrolliert werden und ihre Berichterstattung nicht die Wahrheit wiedergibt. Er hält fest: „BALD BRICHT DAS KARTENHAUS ZUSAMMEN"[147].

Durch die Pictura des aus Karten erbauten Hauses evoziert er als Subscriptio, dass etwas wackelig aufgebaut worden sei. Ein Kartenhaus ist eine instabile Konstruktion. Er verbindet hier das Kollektivsymbol des ‚Kartenhauses' mit einer Narration, bei der das ‚Kartenhaus' zusammenbricht. Im ‚Digitalen Wörterbuch der deutschen Sprache' wird als Definition festgehalten, dass ein Kartenhaus ein „aus Spielkarten errichtetes, hausähnliches Gebilde, das bereits bei einem geringen Luft-

146 Wendler, Michael. Telegram.org. 12.10.2020. URL: URL:https://t.me/s/MICHAELWENDLEROFFICIAL [zuletzt aufgerufen am 16.07.2021]. Hervorh. im Original.

147 Ebd.

zug oder bei einer geringen Erschütterung in sich zusammenfällt"[148], darstellt. Außerdem wird die Polysemie des Kollektivsymbols deutlich: Die Pictura könnte sich in ihrer Subscriptio entweder auf die von Michael Wendler kritisierte Regierung als instabiles ‚Kartenhaus', auf die von der Regierung durchgesetzten Corona-Maßnahmen als kurz vor dem Zusammenbruch stehendes und unwahres Konstrukt, oder auf die Berichterstattung der deutschen Medien, die kurz vor der sogenannten ‚Entlarvung' stehen, beziehen. Die Aussage bleibt uneindeutig, seine Kritik und Ansichten dagegen macht er klar.

Hinter der einfachen Bildlogik des Kollektivsymbols verbirgt sich somit eine komplexe Logik. Diese Komplexität erscheint hier jedoch wirr, da sie eine solche Fülle an Bedeutungen enthält, die kaum eingegrenzt wurde. Der Sender des Kollektivsymbols bietet hier keinen Raum für Argumentationen gegen seine Aussagen. Das Symbol lässt seine Aussage korrekt wirken. Dazu kommt die übliche Argumen-tationstaktik von Verschwörungsideolog*innen, auf Akademiker*innen, Wissenschaftler*innen oder Politiker*innen zu verweisen, um den Schein eines seriösen Diskurses zu wahren. Hierzu zählt der Verweis auf den SPD Bundestagsabgeordneten Johannes Fechner.

Das Kollektivsymbol des ‚Kartenhauses' ist weitreichend bekannt und nicht erst mit der Argumentation von ‚Corona-Leugner*innen' etabliert worden. Es ist im kulturellen Gedächtnis der deutschen Bevölkerung bereits historisch verankert.[149] Genau deshalb kann es so einfach für die Zwecke der Verschwörungsideolog*innen verwendet werden. Sie berufen sich auf ein bereits bestehendes Symbolsystem.

Es ist eindeutig festzustellen, dass das Kollektivsymbol des ‚Kartenhauses' in der Argumentationslinie der ‚Corona-Leugner*innen' sehr beliebt ist. Ein weiteres Beispiel hierfür ist der Telegram-Kanal ‚Corona_Fakten' mit 92.600 Abonnent*innen (Stand Juli 2021).[150] Auf diesem Account werden Verschwörungserzählungen und falsche Informationen zur COVID-19-Pandemie verbreitet. Der Name des

148 DWDS – Digitales Wörterbuch der deutschen Sprache. Berlin-Brandenburgischen Akademie der Wissenschaften. URL: https://www.dwds.de/wb/Kartenhaus [zuletzt aufgerufen am 02.01.2021].

149 Vgl. Ebd.

150 Vgl. Corona Fakten. Telegram.org. URL: https://t.me/Corona_Fakten [zuletzt aufgerufen am 16.07.2021].

Accounts assoziiert, dass auf diesem Telegram-Kanal wahre Fakten benannt werden. Es handelt sich jedoch eindeutig um ‚Fake Facts'. Wer genau diesen Kanal betreibt, ist nicht nachvollziehbar.

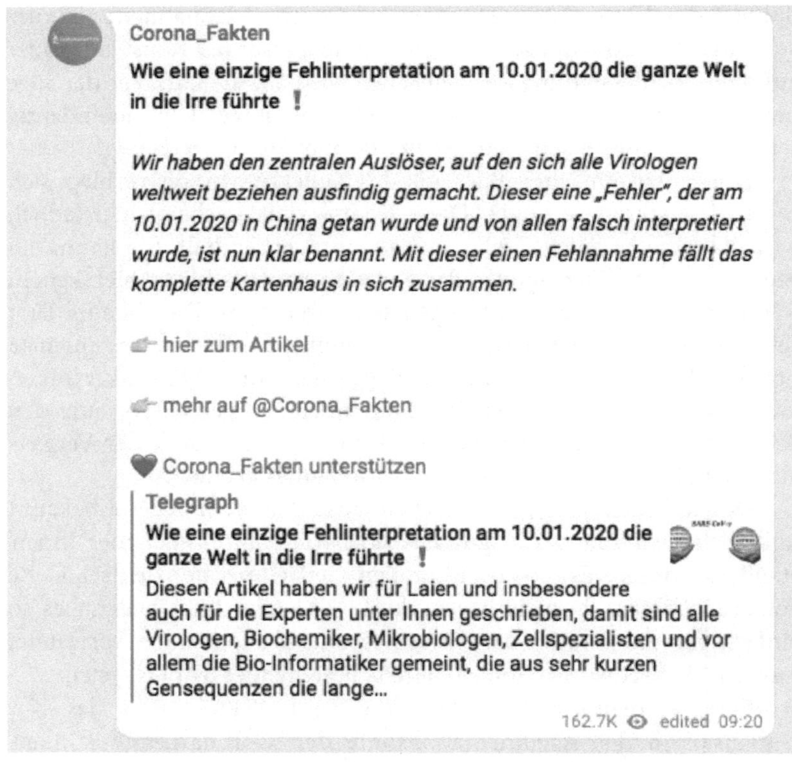

Abb. 6: Corona Fakten. Telegram.org. 10.10.2020.

Dieser Post vom 10. Oktober 2020 zeigt eine ähnliche Struktur wie die bisherigen Beispiele der Plattform. Es wird wieder ein weiterführender Link benutzt, um eigene Aussagen zu belegen. Dieser führt zu einer Quelle, die als Teil der sogenannten ‚alternativen Medien' ausgemacht werden kann.

Im weiterführenden Inhalt des Links geht es darum, zu beweisen, dass das Coronavirus in der Realität nicht nachgewiesen werden könne, demnach alle Virolog*innen, allen voran Prof. Dr. Christian Drosten von der Berliner Charité, falsch liegen würden und ihre Annahmen auf falschen Fakten basieren. Auf diesem Link als ‚Beweis' baut der Post auf.

Erneut wird das Kollektivsymbol des ‚Kartenhauses' in Verbindung mit der Narration des Zusammenbrechens verwendet. Die Pictura des ‚Kartenhauses' beinhaltet wiederholt eine Polysemie der Subscriptio. Das Kartenhaus kann für die Corona-Pandemie an sich, die wissenschaftlichen Fakten der Virolog*innen und vor allem der fundierten Aussagen Christian Drostens oder auch wieder für die deutsche Regierung und ihr Handeln stehen.

In diesem Fall stellen die Verschwörungsideolog*innen selbst die Personen dar, die dieses ‚Kartenhaus' zum ‚Zusammenbrechen' bringen wollen. Das ‚Kartenhaus' kann als Konstrukt aus angeblichen Lügen gedeutet werden, welches es einzureißen gilt. Auf diese Weise steht das ‚Kartenhaus' für die Gegner*innen der Verschwörungsideolog*innen, denn es wurde von den vermeintlich ‚bösen Verschwörer*innen', die ‚da oben' einen Plan verfolgen, aufgebaut. Dieses gilt es nun für die Verschwörungsideolog*innen zu zerstören. Das Symbol dient auf einfache Weise der Propaganda von Verschwörungsmythen.

Deutlich wird, dass vor allem auf der Plattform Telegram aktuell Kollektivsymbole genutzt werden, um Falschinformationen und konkrete Verschwörungserzählungen in kurzen Posts schnell verständlich zu machen und unter Abonnent*innen zu verbreiten. Wie gefährlich eine Verbreitung solcher Ansichten sein kann, legt eine Studie der Hans-Böckler-Stiftung dar. Im Juni 2020 wurden 6.309 Personen zum Thema „Corona-Zweifel, Unzufriedenheit und Verschwörungsmythen"[151] befragt. Eines der Ergebnisse war, dass 40,3 % der Befragten der Aussage: „Ich kann mir vorstellen, dass die Pandemie von Eliten benutzt wird, um die Interessen von Reichen und Mächtigen

151 Hövermann, Andreas: Corona-Zweifel, Unzufriedenheit und Verschwörungsmythen. Erkenntnisse aus zwei Wellen der HBS-Erwerbspersonenbefragung 2020 zu Einstellungen zur Pandemie und den politischen Schutzmaßnahmen. Policy Brief WSI. Nr. 48. Hans-Böckler-Stiftung. Oktober 2020. S. 1. URL: https://www.wsi.de/download-proxy-for-faust/download-pdf?url=http%3A%2F%2F217.89.182.78%3A451%2Fabfrage_digi.fau%2Fp_wsi_pb_48_2020.pdf%3Fprj%3Dhbs-abfrage%26ab_dm%3D1%26ab_zeig%3D9116%26ab_diginr%3D8483 [zuletzt aufgerufen am 03.01.2021].

durchzusetzen"[152] zustimmten. Verschwörungsmythen rund um ‚die da oben', die ein ‚Kartenhaus' errichtet haben, sind also weit in der Gesellschaft verbreitet. Einen Beitrag dazu leistet die Messenger-Plattform Telegram.

152 Hövermann, Andreas: Corona-Zweifel, Unzufriedenheit und Verschwörungsmythen. […]., S. 7. URL: https://www.wsi.de/download-proxy-for-faust/download-pdf?url=http%3A%2F%2F217.89.182.78%3A451%2Fabfrage_digi.fau%2Fp_wsi_pb_48_2020.pdf%3Fprj%3Dhbs-abfrage%26ab_dm%3D1%26ab_zeig%3D9116%26ab_diginr%3D8483 [zuletzt aufgerufen am 03.01.2021].

5. Twitter

Ende des Jahres 2020 nutzten laut Eigenangaben von Twitter[153] 192 Millionen Nutzer*innen täglich aktiv dieses soziale Medium.[154] Auf dem Microblogging-Dienst können sie multimodale Kurznachrichten mit bis zu 280 Zeichen erstellen und verbreiten.[155] Es ist möglich, solche Tweets anderer Nutzer*innen zu liken, zu kommentieren oder zu teilen (retweeten). Außerdem lassen sich in die Tweets Hyperlinks zu Artikeln auf Webseiten einfügen. Des Weiteren gibt es die Möglichkeit der Verwendung von Hashtags. Inhalte können so getaggt, das heißt, einer Thematik zugeordnet werden. Seit April 2009 steht den Nutzer*innen die ‚trending-topics'-Liste mit den meistbenutzten Hashtags und meisterwähnten Schlagworten auf Twitter zu Verfügung.[156] Auf diese Weise lässt sich einsehen, welche Hashtags in Deutschland gerade am häufigsten gebraucht werden. Die Beiträge der Personen, denen man folgt, also abonniert hat, werden auf der persönlichen Timeline in umgekehrter chronologischer Reihenfolge angezeigt. Da das soziale Medium einfach auf mobilen Endgeräten installiert und genutzt werden kann, ist es möglich, sehr schnell Ereignisse im Foto-Format oder als Video über die Plattform zu teilen. Twitter bietet eine Plattform für „die weak und strong publics, jene die politische Meinungen formulieren und jene die an den

---

153 Twitter wurde im Jahr 2006 von den US-Amerikanern Evan Williams, Biz Stone und Jack Dorsey auf den Markt gebracht. Zu Beginn noch unter dem Dach der eigenen Firma ‚Obvious' stehend, gliedern sie Twitter im Jahr 2007 aus dieser Firma aus und gründen Twitter Inc. mit Jack Dorsey als Geschäftsführer (Vgl. Simon, Nicole; Bernhardt, Nikolaus: Twitter. Mit 140 Zeichen zum Web 2.0. München: Open Source Press. 2008. S. 39–43).

154 Twitter.com: Investor Fact Sheet. URL: https://s22.q4cdn.com/826641620/files/doc_financials/2020/q4/Q4FY_20__InvestorFactSheet.pdf [zuletzt aufgerufen am 26.02.2021].

155 Vgl. Twitter.com. URL: https://help.twitter.com/de/glossary [zuletzt aufgerufen am 20.01.2021].

156 Vgl. Bernard, Andreas: Das Diktat des #hashtags. Über ein Prinzip der aktuellen Debattenbildung. […]. S. 17.

gesetzgebenden Prozessen aktiv teilnehmen".[157] Hier wird Kommunikation von Mitgliedern der Zivilgesellschaft, Politiker*innen, Journalist*innen und PR-Mitarbeiter*innen von verschiedensten Organisationen betrieben.[158] So ist das soziale Netzwerk vor allem für seine Filterblasen der Politik- und der Medienschaffenden bekannt und wird als Medium der politischen Kommunikation genutzt. Aufgrund dessen wird Twitter auch als „Informationsnetzwerk"[159] bezeichnet.

Die große Bedeutung von Twitter als soziales Medium für die Proliferation von Kollektivsymbolen wurde bereits in der Wissenschaft (zum Beispiel unter anderem von Angenendt[160] oder Greve[161]) festgestellt. Darüber hinaus trägt das Medium jedoch auch zu der rapiden Verbreitung von ‚Fake Facts' und Verschwörungsmythen bei.

5.1 ‚Puppenspieler*innen' und ihre ‚Marionetten'. Die Tweets von Donald Trump

Eine Person, die in den vergangenen Jahren maßgeblich zu der Etablierung von Twitter als Plattform für politische Kommunikation beigetragen hat, ist Donald Trump. Am 21. Juli 2016 erhält der ehemalige US-Präsident, Unternehmer, Entertainer und Reality-TV-Star die Nominierung für die Präsidentschaftswahl in den USA.[162] Von Beginn an ist das Verbreiten von Verschwörungserzählungen und ‚Fake Facts' Bestandteil seines Wahlkampfes. So setzt er, noch bevor er selbst Teil der amerikanischen Politik wird, im Jahr 2011 das Gerücht in die Welt, dass Barack Obama seine Geburtsurkunde gefälscht habe und fordert das Vorzeigen der Dokumente ein. Der Hintergrund dieser Forderung ist konspirativer

157 Warnke, Martin: Datenbanken als Zitadellen des Web 2.0. In: Baxmann, Inge; Beyes, Timon; Pias, Claus [Hrsg.]: Soziale Medien – Neue Massen. Medienwissenschaftliche Symposien der DFG. Zürich, Berlin: diaphanes 2014. S. 297.

158 Vgl. ebd.

159 Kneuer, Marianne; Richter, Saskia: Soziale Medien in Protestbewegungen. […]. S. 97.

160 Angenendt, Vanessa: Von »Denkmal der Schande« bis »Vogelschiss«. Der Symbolgebrauch der AFD. […]. S. 109–115.

161 Greve, Sophie: »Our house is on fire«. Greta Thunberg etabliert ein wirkungsmächtiges Kollektivsymbol. […]. S. 116–122.

162 Vgl. Sclafani, Jennifer: Talking Donald Trump. A Sociolinguistic Study of Style, Metadiscourse, and Political Identity. Abingdon, New York: Routledge 2018. S. 1.

Natur.[163] Um diese Erzählung zu verbreiten, nutzt Trump das Medium Twitter. Er verwendet Erzählungen wie diese, um seine Popularität „als Geschäftsmann und TV-Star zu […][steigern] und sich als Sprecher besorgter Bürger im politischen Feld zu etablieren".[164] Daran knüpft er mit der Verkündigung seiner Kandidatur für das Präsidentenamt im Jahr 2015 strategisch an. Im November 2016 setzt er sich bei der Wahl gegen seine Gegenspielerin Hillary Clinton durch. Seinen Wahlkampf sowie seine Amtszeit hindurch stützt er viele seiner Aussagen auf Verschwörungserzählungen und Falschmeldungen. So zählt die Washington Post in den ersten drei Jahren von Donald Trumps Amtszeit über 16.000 falsche oder irreführende Behauptungen und Anspielungen des Präsidenten.[165] Für die sprachliche Vermittlung solcher Behauptungen bedient er sich regelmäßig Kollektivsymboliken. In seinem Wahlkampf gegen Hillary Clinton teilt er am 20. Oktober 2016 folgenden Beitrag auf Twitter:

163 Eine Verschwörungserzählung besagt, dass Obama in Kenia geboren worden sei und deshalb aus formellen Gründen nicht Präsident hätte werden können (Nocun, Katharina; Lamberty, Pia: Fake Facts. Wie Verschwörungstheorien unser Denken bestimmen. […]. S. 64–65).

164 Butter, Michael: »Nichts ist wie es scheint«. Über Verschwörungstheorien. […]. S. 211.

165 Vgl. Nocun, Katharina; Lamberty, Pia: Fake Facts. Wie Verschwörungstheorien unser Denken bestimmen. […] S. 64.

#CrookedHillary is nothing more than a Wall Street PUPPET! #BigLeagueTruth #Debate

Tweet übersetzen

3:56 vorm. · 20. Okt. 2016 · Twitter Web Client

Abb. 7: Trump, Donald. Twitter.com. 20.10.2016.

Er wirft Clinton vor eine Betrügerin zu sein. Um dies sprachlich zu verstärken, nutzt er das Kollektivsymbol der ‚Marionette' und bezeichnet sie als „Wall Street PUPPET"[166]. Das Kollektivsymbol wird mit dem getwitterten Bild ikonisch dargestellt und verortet Clinton durch das abgebildete Straßenschild und die Andeutung des Federal Hall-Gebäu-

166 Trump, Donald. Twitter.com. 20.10.2016. URL: https://twitter.com/realdonaldtrump/status/788921683629400064?lang=de [zuletzt aufgerufen am 31.12.2020].

des auf der Wall Street in New York. Es handelt sich um eine Karikatur Clintons. Scheuerer erläutert:

> Karikaturen bemühen sich nicht, möglichst objektive Abbilder der Wirklichkeit zu sein, sondern werfen ganz bewusst einen subjektiven, perspektivisch verzerrten Blick auf politische Ereignisse, Zusammenhänge und darin handelnde Personen. Folglich enthalten sie kritische Werturteile, die aus der Gestaltung der Karikatur erschlossen werden müssen.[167]

So bilden Karikaturen Zuspitzungen oder Verzerrungen einer Situation ab und beinhalten oftmals satirische Kommentare.[168] Bei der hier auf Twitter veröffentlichten Karikatur Clintons handelt es sich nach Scheuerer um eine Individualkarikatur, da ein konkretes Individuum erkennbar dargestellt wird. Dabei dienen Körpermerkmale und Attribute als Identifikationskürzel.[169] In dieser Darstellung sind der für Clinton typische rote Hosenanzug und ihr Perlenschmuck als Attribute zur Erkennung der Person auszumachen. Auch der Sticker auf ihrem Blazer zeigt eines der Logos ihrer Wahlkampfsticker und dient als Erkennungsmerkmal. Deutlich sichtbar sind die mit Geldscheinen gefüllten Taschen ihres Blazers. Durch die Fäden an ihren Armen und ihrem Kopf und der sehr eckigen Darstellung ihres Mundes gleicht ihr Aussehen einer Marionette. Die Pictura der ‚Marionette' wird hier ikonisch abgebildet. Durch die Karikatur und den Text des Tweets wird die Pictura einer ‚Marionette', die von ‚Puppenspieler*innen' gesteuert wird, aufgemacht. Diese Pictura-Ebene unterstützt die Subscriptio, dass Clinton von ‚denen da oben' beeinflusst wird und nicht im Sinne des Volkes, sondern im Sinne einer höheren Instanz handelt. Mit diesem Tweet unterstützt Trump Aussagen seiner Wahlkampfauftritte, bei denen er behauptete, dass eine

> im geheimen operierende Gruppe, die Verschwörer (in diesem Fall Hillary Clinton und die – implizit jüdisch konnotierten – internationalen Bankiers), aus niederen Beweggründen ([...] die Abschaffung der Souveränität der USA und die eigene Bereicherung) einen perfiden Plan verfolgt,

167 Scheuerer, Jürgen: Karikaturen und Kontext (1878–2015). Berlin: Pro BUSINESS 2016. S. 7.

168 Bereits die Bezeichnung ‚Karikatur', die sich von dem italienischen Wort „Caricatura" ableitet, weist darauf hin. Scheuerer definiert: „‚Caricare' bedeutet nicht nur ‚beladen', sondern übertragen auch ‚überladen' im Sinne von ‚übertrieben' oder ‚verzerrt'." (Ebd. [...]. S. 7).

169 Ebd. S. 19.

> um eine Institution, ein Land oder gar die ganze Welt zu kontrollieren oder zu zerstören.[170]

Er verbreitet eine konkrete Verschwörungserzählung über seine Gegenspielerin Hillary Clinton mit dem Ziel, diese zu diskreditieren. Durch die Verbreitung dieser Erzählung auf der Plattform Twitter stellt er sich selbst als einen aufrichtigen Vertreter des Volkes dar, der einen solchen ‚Skandal' öffentlich aufdeckt. Um seine Glaubwürdigkeit zu unterstreichen, inszeniert er sich selbst als „Überläufer"[171], der die Seiten gewechselt hat. Er stellt es so dar, als ob er durch seine Machtposition Kenntnis davon hat, wie ‚die da oben' agieren, sich selbst davon aber abgrenzt und das Handeln der ‚korrupten Eliten' aufdeckt.

In Aussagen bei seinen politischen Auftritten wählt er bewusst vage Formulierungen wie „‚viele Menschen sagen…' oder ‚jemand hat mir erzählt'"[172]. So kann er sich im Notfall von diesen wieder distanzieren und ist juristisch nicht zu belangen. Die Wirkung des Gesagten ist dennoch groß: Die Kollektivsymbole in seinen Tweets dienen als Stütze dieser Vagheit in seinen Aussagen. Mit der Verwendung des Kollektivsymbols der ‚Marionette' deutet Trump an, dass eine Gruppe von Banker*innen sich mit Hillary Clinton gegen die amerikanischen Bürger*innen verschworen hat. Er führt seine Anschuldigung jedoch nicht weiter aus, sondern überlässt es den Leser*innen seines Tweets, das Kollektivsymbol anhand der ikonischen Darstellung zu deuten.

Butter kommt zu der Ansicht, dass das Kollektivsymbol der ‚Marionette' nicht nur dazu dient, die Verschwörer*innen als ‚Strippenzieher*innen' im Hintergrund zu entlarven, sondern es „identifiziert und kritisiert zugleich diejenigen, derer sich die Verschwörung gegen derer Willen oder mit derer Einverständnis angeblich bedient, um ihre Ziele zu erreichen".[173] In diesem Fall wird das Kollektivsymbol der ‚Marionette' genutzt, um einerseits die Banker*innen der Wall Street

170 Butter, Michael: »Nichts ist wie es scheint«. Über Verschwörungstheorien. […]. S. 216.

171 Ebd.

172 Nocun, Katharina; Lamberty, Pia: Fake Facts. Wie Verschwörungstheorien unser Denken bestimmen. […]. S. 65.

173 Butter, Michael: »Nichts ist wie es scheint«. Über Verschwörungstheorien. […]. S. 94.

zu kritisieren, anderseits liegt der Fokus jedoch vielmehr auf der Kritik an Hillary Clinton.

Das Kollektivsymbol der Marionette ist im konspirationistischen Diskurs ein sehr beliebtes Bild. Die Bildlichkeit wird seit Jahrhunderten in Verschwörungserzählungen über Jüd*innen, Freimaurer*innen oder Illuminat*innen verwendet.[174] Der historische Hintergrund des Kollektivsymbols ist antisemitischer Natur: Es wird antisemitischen Codes zugeordnet, denn die ‚Puppenspieler*innen' gelten als dunkle Macht, die alle Fäden aus dem Hintergrund heraus ziehen.[175] Mit diesen Puppenspieler*innen sind häufig implizit jüdische Familien und Unternehmer*innen wie die Rothschilds[176], oder George Soros gemeint. Das Bild zählt zu antisemitischen Erzählmustern, die in die Alltagssprache eingegangen sind.[177] Diese Erzählmuster gehen einher mit Stereotypen gegenüber gesellschaftlichen Gruppen. Festzuhalten ist, dass nicht alle Verschwörungserzählungen automatisch auch antisemitisch sind. Die mit diesem Kollektivsymbol verwendete stark vereinfachte Beschreibung der Realität mit der „Unterscheidung in ‚die da oben' und ‚wir hier unten'"[178] macht solche Erzählungen aber für antisemitische Welterklärungsmodelle anschlussfähig. Diese Erzählungen folgen dabei dem irrationalen Stereotyp, alle Jüd*innen seien wohlhabend, mächtig und auf gefährliche Weise klug. Verschwörungserzählungen, wie Trump sie hier durch den Verweis der Steuerung Hillary Clintons durch Banker*innen der Wall Street (und damit implizit den ‚reichen Jüd*innen') aufmacht, befeuern genau diese Stereotype und damit „Hass, Gewalt und Diskriminierung gegen Juden auf der ganzen

174 Vgl. Butter, Michael: »Nichts ist wie es scheint«. Über Verschwörungstheorien. [...]. S. 94.

175 Vgl. Nocun, Katharina; Lamberty, Pia: Fake Facts. Wie Verschwörungstheorien unser Denken bestimmen. [...]. S. 117.

176 Die Rothschilds sind eine jüdische Unternehmerfamilie, die ursprünglich aus Deutschland stammt. Als Bankiers sind sie schon seit dem 18. Jahrhundert vor allem für ihr großes Vermögen bekannt. (Vgl. Sandgruber, Roman: Die Rothschilds: Glanz und Untergang des Wiener Welthauses.Wien: Molden Verlag 2018).

177 Vgl. Nocun, Katharina; Lamberty, Pia: Fake Facts. Wie Verschwörungstheorien unser Denken bestimmen. [...]. S. 117.

178 Ebd., S. 121.

Welt".[179] Solche online verbreiteten Verschwörungserzählungen haben somit das Potenzial, Menschen zu radikalisieren.

Donald Trump hat dieses Kollektivsymbol nicht nur einmal benutzt, sondern verwendet es auch in den darauffolgenden Jahren und Wahlkämpfen erneut um seine politischen Gegner*innen zu denunzieren:

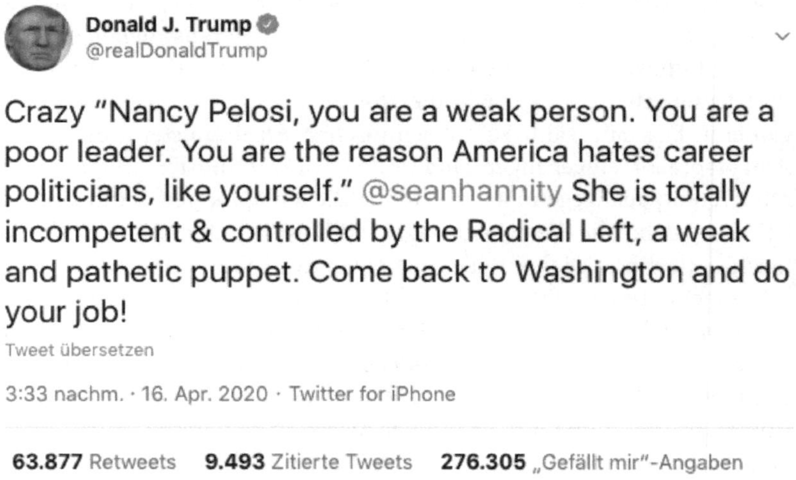

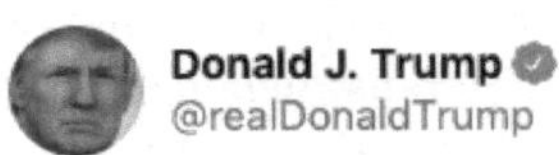

Donald J. Trump
@realDonaldTrump
Crazy "Nancy Pelosi, you are a weak person. You are a poor leader. You are the reason America hates career politicians, like yourself." @seanhannity She is totally incompetent & controlled by the Radical Left, a weak and pathetic puppet. Come back to Washington and do your job!
Tweet übersetzen
3:33 nachm. · 16. Apr. 2020 · Twitter for iPhone
63.877 Retweets 9.493 Zitierte Tweets 276.305 „Gefällt mir"-Angaben

Abb. 8: Trump, Donald. Twitter.com. 16.04.2020.

So bezeichnet er im April 2020 die demokratische Sprecherin des US-Repräsentantenhauses Nancy Pelosi als ‚Marionette' und im Oktober 2020 auch Joe Biden, seinen Gegenspieler der Präsidentschaftswahl 2020:

179 Nocun, Katharina; Lamberty, Pia: Fake Facts. Wie Verschwörungstheorien unser Denken bestimmen. […]. S. 121.

Joe Biden is a PUPPET of CASTRO-CHAVISTAS like Crazy Bernie, AOC and Castro-lover Karen Bass. Biden is supported by socialist Gustavo Petro, a major LOSER and former M-19 guerrilla leader. Biden is weak on socialism and will betray Colombia. I stand with you!

Tweet übersetzen

8:38 nachm. · 10. Okt. 2020 · Twitter for iPhone

58.579 Retweets **12.648** Zitierte Tweets **221.666** „Gefällt mir"-Angaben

Abb. 9: Trump, Donald. Twitter.com. 10.10.2020.

Das Kollektivsymbol wird hier verwendet, um ‚Fake Facts' zu verbreiten. Während des Wahlkampfes im Jahr 2020 versucht Trump auf diese Weise seine Gegenspieler*innen herabzusetzen. Einher gehen diese Diffamierungen seiner politischen Gegner*innen mit der immer wieder auftauchenden Behauptung, dass die Wahlergebnisse der Wahl 2020 gefälscht und nicht korrekt wären. So warnt Trump seine Anhäng-er*innen während des Wahlkampfes davor, dass seine Gegenspieler*innen versuchen würden, ihn durch gefälschte Wahlen ‚loszuwerden'. Er knüpft hier an seine Taktik des Jahres 2016 an:

> Ein Dauerbrenner in der Politik sind Verschwörungserzählungen, die sich um die Ergebnisse von vermeintlichen ‚Schicksalswahlen' ranken. Noch bevor das Ergebnis der amerikanischen Präsidentschaftswahl 2016 überhaupt klar war, warnte Donald Trump bereits davor, die Ergebnisse könnten gefälscht sein.[180]

Gleichzeitig verfolgte er bereits damals die politische Strategie, die traditionellen Medien und ihre Berichterstattungen als ‚Fake News' zu betiteln. Auch im Wahlkampf des Jahres 2020 bezeichnet er wahre

180 Nocun, Katharina; Lamberty, Pia: Fake Facts. Wie Verschwörungstheorien unser Denken bestimmen. […]. S. 81.

Fakten, die der von ihm nach außen errichteten Scheinrealität widersprechen als ‚fake'.[181] So prägt er die Termini ‚Fake News' und ‚Fake Facts'.

Diese Verbreitung von bewussten Fehlinformationen in Kombination mit der Verwendung des Kollektivsymbols der ‚Marionetten' für seine politischen Gegenspieler*innen macht deutlich, dass Trump sich selbst als die Person inszeniert, die alle angeblichen Verschwörungen in der Politik durchschaut. Mit seinen Aussagen, Andeutungen und verwendeten Symbolen stellt er sich als den Menschen dar, der das ‚einfache Volk' vor ‚denen da oben', also den ‚bösen Verschwörer*innen', warnt und den ‚Schlafenden' die Augen öffnet. Nocun und Lamberty heben hervor:

> Es wäre […] ein Fehler, Gerüchte um möglichen Wahlbetrug als harmlose Spinnerei abzutun. Denn die Konsequenz ist keineswegs trivial. Wer aufgrund solcher […] [Aussagen] glaubt, das Ergebnis einer Wahl sei nicht rechtens, verliert das Vertrauen in das Fundament der Demokratie. Die Überzeugung, dass eine Wahl gefälscht wurde, wirkt sich auf die Betrachtung aller politischen Debatten aus. Die im Parlament abgebildeten Mehrheitsverhältnisse und danach getroffene Entscheidungen werden als nicht legitim erachtet, Politiker als ‚Marionetten' verspottet.[182]

Dies zeigt, wie gefährlich die Proliferation von politischen Verschwörungserzählungen und ‚Fake Facts' ist. Das Medium Twitter dient hierbei der schnellen Massenverbreitung solcher Aussagen. Trump war während seiner Wahlkämpfe nicht auf die traditionellen Medien angewiesen und konnte über die sozialen Medien ungefiltert seine Meinung kundtun.

Im Wahlkampf des Jahres 2020 hat sich diese Situation noch einmal gesteigert: Nachdem feststeht, dass Joe Biden die Wahl gewinnt und als Präsident der USA vereidigt wird, lässt Donald Trump zunächst verlauten, dass er dieses Ergebnis nicht akzeptiere. Angestachelt durch die Tweets des ehemaligen Präsidenten kommt es schließlich am 6. Januar 2021 zu gewalttätigen Ausschreitungen und einem Angriff auf das amerikanische Kapitol in Washington, D.C. durch Trump-Anhän-

181 Vgl. Hunter Davis, Dorian; Sinnreich, Aram: Tweet the Press: Effects of Donald Trump's „Fake News!" Epithet on Civics and Popular Culture. In: Lockhart, Michele [Hrsg.]: President Donald Trump and his political discourse. Ramifactations of rhetoric via Twitter. Abingdon, New York: Routledge 2019. S. 150–151.

182 Nocun, Katharina; Lamberty, Pia: Fake Facts. Wie Verschwörungstheorien unser Denken bestimmen. […]. S. 84.

ger*innen.[183] Nachdem Twitter die Tweets von Donald Trump zunächst vereinzelt mit Warnhinweisen versehen hat, geht die Plattform noch einen Schritt weiter und löscht komplette Beiträge Trumps. Diese Maßnahmen baut der Dienst (so wie auch die Plattform Facebook) noch weiter aus und ergreift letztendlich härtere Maßnahmen, indem er die Accounts des ehemaligen Präsidenten im Januar 2021 sperrt. Die Begründung lautet „Anstiftung zum Aufruhr".[184]

Das von Trump verwendete Kollektivsymbol der ,Marionette' trägt auf Twitter so zu einer schnellen Etablierung konkreter Verschwörungserzählungen und ,Fake Facts' bei. Auffällig ist hier, dass das von Trump auf die politische Lage in den USA bezogene Bild auch über diesen Kulturkreis hinauswirkt. Das soziale Medium Twitter sorgt für eine globale Vernetzung von Menschen. Nicht nur Menschen in Amerika lesen die Tweets von Donald Trump und verstehen seine Andeutungen durch die Verwendung von Kollektivsymbolen. Hier werden Gemeinsamkeiten im Grundbestand der Kollektivsymbolsysteme der USA und anderen Ländern wie Deutschland deutlich. Denn trotz feiner Unterschiede, gibt es gleichzeitig viele Übereinstimmungen zwischen den Symbolsystemen der USA und Deutschland.[185] Die Grenzen der Reichweite einzelner kulturell spezifischer Symbol-Systeme fallen also nicht mit den Länder-Grenzen zusammen.[186] Gerade soziale Medien tragen hier zu einer weiteren Proliferation kulturspezifischer Kollektivsymbole bei und unterstützen damit eine Annäherung der Symbolsystem-Grundbestände.

---

183 Vgl. Kühl, Eike: Angriff auf das Kapitol. Sie hatten es angekündigt. ZEIT.de. 07.01.2021. URL: https://www.zeit.de/digital/internet/2021-01/angriff-kapitol-washington-demokratie-rechtsextremismus [zuletzt aufgerufen am 22.01.2021].

184 ZDF: Gewaltprävention. Twitter: Trumps Konten dauerhaft gesperrt. 09.01.2021. ZDF.de URL: https://www.zdf.de/nachrichten/politik/usa-trump-twitter-konto-gesperrt-100.html [zuletzt aufgerufen am 22.01.2021].

185 Vgl. Link, Jürgen: Konturen medialer Kollektivsymbolik in der BRD und in den USA. [...]. S. 114–128.

186 Vgl. Parr, Rolf: Kompetenz: Multi-Interdiskursivität. [...]. S. 90.

5.2 Die ,Klimahysterie' der ,Klimakirche'

Die Existenz des Klimawandels und der Einfluss des Menschen auf diesen gelten eindeutig als erwiesen.[187] Dennoch sind das Internet und vor allem die sozialen Medien voll von Inhalten, die diese faktischen Erkenntnisse bestreiten. Unterschiedliche ,Fake Facts' und Verschwörungsmythen rund um das Thema Klima werden online verbreitet:

> Da ist dann etwa von ,satanischen Techniken der Manipulation' die Rede, oder es werden Verbindungen zwischen den Klimaprotesten Fridays for Future und einer angeblichen jüdischen Weltverschwörung gezogen. Manch einer spekuliert sogar, dass Maßnahmen zum Klimaschutz nur Teil eines großen geheimen Plans zur Umsetzung einer ,Neuen Weltordnung (NWO)' seien, die zum Ziel habe, die Menschheit durch eine Weltregierung zu versklaven.[188]

Über solche wirren Spekulationen hinaus wird in einigen Beiträgen versucht, den Anschein einer Wissenschaftlichkeit zu erwecken, um Zweifel zu säen. Sie dienen online als pseudowissenschaftliche Belege.

Hervorzuheben ist, dass die Verbreitung von Mythen rund um das Thema Klima kein reines Internetphänomen ist. So wurden in der Vergangenheit schon mehrmals ,Klimawandel-Leugner*innen' in Talkshows eingeladen und bekamen die Chance, öffentlich vor einem großen Publikum ihre Ansichten zu verbreiten.[189] Nocun und Lamberty heben hervor: „Sie wussten sich zu präsentieren, waren eloquent und behaupteten auf Sachlichkeit zu setzen, während Klimaschützer als ,hysterisch' hingestellt wurden."[190]

Dieses Bild wird auch in den sozialen Medien wiederholt von sogenannten ,Klimawandel-Leugner*innen' aufgegriffen. Eine Partei, die sich öffentlich zu dieser Gruppierung bekennt ist die AfD. Ihre

187 Vgl. Nocun, Katharina; Lamberty, Pia: Fake Facts. Wie Verschwörungstheorien unser Denken bestimmen. […]. S. 87.

188 Ebd. S. 89. Hervorh. im Original.

189 Vgl. z. B. Alex Reichmuth in der ARD-Talkshow von Sandra Maischberger im Jahr 2017. (Vgl. Nastarowitz, Konstanze: „Die Debatte über das Klima hat etwas Religiöses". Welt.de. 12.10.2017. URL: https://www.welt.de/vermischtes/article169564515/Die-Debatte-ueber-das-Klima-hat-etwas-Religioeses.html [zuletzt aufgerufen am 25.02.2021].

190 Nocun, Katharina; Lamberty, Pia: Fake Facts. Wie Verschwörungstheorien unser Denken bestimmen. […]. S. 89. Hervorh. im Original.

Mitglieder posten online Beiträge, die das Bild der hysterischen Klimaschützer unterstützen:

Alice Weidel
@Alice_Weidel

Die #Klimahysterie dient letztlich nur einem Ziel: Den Deutschen noch tiefer in die Tasche greifen zu können. Wolfgang Schäuble plädiert folgerichtig dafür, die CO2-Steuer sofort einzuführen. Politik GEGEN die Bürger! #CDU #CO2Steuer

focus.de/finanzen/boers..

12:32 nachm. · 25. Juli 2019 · Twitter Web App

578 Retweets **59** Zitierte Tweets **1.713** „Gefällt mir"-Angaben

Abb. 10: Weidel, Alice. Twitter.com. 25.07.2019.

Indem Alice Weidel in dem Tweet den Hashtag „#Klimahysterie"[191] nutzt, markiert sie hier ein Kollektivsymbol als digitalen Hashtag. Dieses Kollektivsymbol setzt sich zusammen aus der Pictura der ‚Hysterie' als einer Krankheit, von der insbesondere Klimaschützer*innen betroffen sind, und der Subscriptio, dass Klimaschützer*innen im Unrecht sind und nicht ernst genommen werden können. Weidel nutzt das Kollektivsymbol, um hier leicht verständlich eine Verschwörungserzählung zu verbreiten. Als Fraktionsvorsitzende der AfD macht sie die Ablehnung ihrer Partei gegenüber der CO_2-Steuer deutlich. Sie behauptet, dass diese nur eingeführt werden solle, um den deutschen Bürger*innen ‚Geld abzuknöpfen'. Mit diesem Tweet verweist sie auf das typische Charakterbild der ‚bösen Verschwörer*innen', indem sie suggeriert, dass ‚die da oben' eine Verschwörung gegen ‚uns hier unten' planen. Dabei unterstreicht sie diese Anschuldigung mit dem Kollektivsymbol ‚Klimahyste-

191 Weidel, Alice. Twitter.com. 25.07.2019. URL: https://twitter.com/alice_weidel/status/1154338503397912576?lang=de [zuletzt aufgerufen am 03.01.2021].

rie', durch welches sie das Bild eröffnet, dass ,die da oben' von einer ,Hysterie' befallen seien.

Das Wort ,Hysterie' wird hier in seiner Bedeutung mit einer Krankheit gleichgesetzt. Etymologisch ist hier hervorzuheben, dass das Adjektiv ,hysterisch' heute mit „übertrieben leicht erregbar, übertrieben erregt"[192] gleichgesetzt wird, jedoch seinen Ursprung in der Medizin hat, in der eine ,Hysterie' lange Zeit als eine Krankheit eingestuft wurde.[193] Das Wort ist eine Entlehnung aus dem 18. Jahrhundert von dem lateinischen „hystericus"[194] und dem griechischen „hysterikós"[195], was übersetzt so viel wie „die Gebärmutter betreffend, von ihr herkommend"[196] bedeutet. Bis zum Ende des 19. Jahrhunderts wurde die ,Hysterie' als eine Krankheit, die nur Frauen betreffen konnte, diagnostiziert.[197] Die etymologische Betrachtung offenbart somit den sexistischen Hintergrund des Wortes. Ob die Nutzer*innen sich über diesen Hintergrund bewusst sind, ist unklar. Dass hier auf den Ursprung des Wortes als Bezeichnung für eine Krankheit angespielt wird, ist jedoch eindeutig.

,Klimawandel-Leugner*innen' bezichtigen Wissenschaftler*innen und Forscher*innen der systematischen Verbreitung von Falschinformationen. An dieses Muster knüpft Weidel an, indem sie durch das Kollektivsymbol ,Klimahysterie' alle wissenschaftlichen Fakten zu der Thematik abwertet und als nicht korrekt darstellt. Klimaschützer*innen werden von ihr generell als krank stigmatisiert. So wird auf der Plattform Twitter mit Hilfe eines Kollektivsymbols das Bild einer großen Klimaverschwörung gezeichnet.

---

192 DWDS – Digitales Wörterbuch der deutschen Sprache. Berlin-Brandenburgischen Akademie der Wissenschaften. URL: https://www.dwds.de/wb/hysterisch [zuletzt aufgerufen am 25.01.2021].

193 Vgl. ebd.

194 Ebd.

195 Ebd.

196 Ebd.

197 Seit der zweiten Hälfte des 19. Jahrhunderts wird Hysterie mit „abnorme Reaktionsweise mit übersteigerten Ausdruckserscheinungen, Neurose, bei der neben psychischen Störungen auch körperliche Beschwerden ohne nachweisbare somatische Ursache bestehen" gleichgesetzt. Ursprünglich war es jedoch ein Terminus der Medizin des 18. Jahrhunderts, der bedeutete „körperliches und psychisches Unwohlsein bei Frauen". Veränderungen der Gebärmutter wurden als Ursache für Hysterie angesehen. (Ebd.).

Ein weiteres Kollektivsymbol, welches auf diesem sozialen Medium zu der Thematik zu finden ist, ist das der ‚Klimakirche'. Ähnlich wie die ‚Klimahysterie' wird das Kollektivsymbol verwendet, um Personen, die auf die prekäre Situation des Klimawandels aufmerksam machen, als unglaubwürdig und als ‚Lügner*innen' zu diffamieren.

Weil die Vertreter der #Klimakirche so sehr darauf anspringen, hier noch zwei Bilderchen der Säulenheiligen des derzeitigen #Kinderkreuzzuges, @GretaThunberg, die ja gerade im März (sic!) bedeutendste „Frau des Jahres 2019" in Schweden geworden ist.
@AfDimBundestag @AfD

3:47 nachm. · 10. März 2019 · Twitter for iPad

78 Retweets 23 Zitierte Tweets 186 „Gefällt mir"-Angaben

Abb. 11: Pasemann, Frank. Twitter.com. 10.03.2019.

Am 10. März 2019 twittert das damalige AfD-Mitglied Frank Pasemann[198] einen Beitrag, in dem er den Hashtag „#Klimakirche"[199] verwendet. Mit diesem zweigliedrigen Kollektivsymbol eröffnet er zunächst die Pictura, dass Klimaaktivist*innen und Personen, die sich gegen den Klimawandel einsetzen, einer gemeinsamen Religion angehören. Dieses Bild evoziert wiederum die Subscriptio, dass diese Personen nicht wissenschaftlich argumentieren können, da sie keine Fakten vertreten, sondern eine an etwas nicht Beweisbares glaubende Gruppierung seien. Im folgenden Text des Tweets expandiert er das Kollektivsymbol syntagmatisch. Er bezeichnet die Klimaaktivistin Greta Thunberg als ‚Säulenheilige' und die ‚Fridays for Future'-Bewegung als ‚Kinderkreuzzug'. Mit dieser Symbolkette versucht er die Bewegung abzuwerten und das Bild einer unglaubwürdigen Personengruppe zu eröffnen. Er fügt sich mit diesem Tweet in eine Reihe von Verschwörungserzählungen rund um die Person Greta Thunberg ein.

Im Jahr 2019 gewann die damals Sechszehnjährige aus Schweden immer mehr an Popularität. Die von ihr initiierten Schulstreiks für das Klima haben sich zu der globalen Bewegung ‚Fridays for Future' entwickelt.[200] In Schweden wurde Greta Thunberg im Jahr 2019 zur ‚Frau des Jahres' gewählt und für den Friedensnobelpreis nominiert.[201] Dies sorgte bei ‚Klimawandel-Leugner*innen' für heftige Reaktionen. So gilt Thunberg heute mit 18 Jahren aufgrund ihres Engagements einerseits als Symbol für eine globale Protestbewegung und andererseits als Feindbild der Menschen, die nicht an den Klimawandel glauben, diesen verleugnen, oder ihn schlicht nicht für gefährlich erachten. Um ihre Person ranken sich abstruse Verschwörungserzählungen:

198 Pasemann wurde zum 15. November 2020 aus der Partei ausgeschlossen. Grund dafür waren Vorwürfe wegen Antisemitismus und parteischädigendem Verhalten. (Vgl. ZEIT.de: AfD schließt Bundestagsabgeordneten aus. 15.11.2020. URL: https://www.zeit.de/politik/deutschland/2020-11/frank-pasemann-parteiausschluss-bundestagsabgeordneter-rechtsextrem-magdeburg-fluegel-bundesschiedsgericht [zuletzt aufgerufen am 25.01.2021]).

199 Pasemann, Frank. Twitter.com. 10.03.209. URL: https://twitter.com/frank_pasemann/status/1104755541514039297 [zuletzt aufgerufen am 29.01.2021].

200 Vgl. Greve, Sophie: »Our house is on fire«. Greta Thunberg etabliert ein wirkungsmächtiges Kollektivsymbol. [...]. S. 116.

201 Vgl. Thunberg. Greta: Ich will, dass ihr in Panik geratet! Meine Reden zum Klimaschutz. Frankfurt am Main: Fischer Taschenbuchverlag 2019. S. 2.

> Eduardo Bolsonaro, ein Sohn des brasilianischen Präsidenten, verbreitete online einen Artikel, in dem es hieß, Greta Thunberg werde von der deutschen Fridays-for-Future-Aktivistin Luisa Neubauer gesteuert, die wiederum eine Marionette des jüdischen Milliardärs Georg Soros sei.[202]

Darüber hinaus gibt es Behauptungen, dass Thunberg eine Handlangerin der jüdischen Unternehmer-Familie Rothschilds, eine Zeitreisende oder ewig jung sei und nicht altern würde.[203] Mit seinem Tweet knüpft Pasemann an genau solche Erzählungen an: Er hat zwei Fotos von Greta Thunberg beigefügt, die er augenscheinlich von einer App hat analysieren lassen, die ermittelt, wie alt die Person auf dem hochgeladenen Bild aussieht (jedoch nicht wie alt diese Person in Wirklichkeit ist). Mit dem Beifügen dieser Bilder zu seinem Tweet suggeriert er, dass er der Altersangabe Thunbergs keinen Glauben schenkt. Er scheint die Bilder als Beleg anzuführen, ohne zu erläutern, was genau er belegen will. Er deutet nur vage an, auch hier können die Leser*innen die Lücken mit ihren eigenen Vermutungen füllen. Eindeutig ist jedoch, dass er sich durch die Verwendung des Kollektivsymbols ‚Klimakirche' im Kontext seines Tweets klar positioniert und wahre wissenschaftliche Fakten als ‚Fake Facts' erklärt, obwohl er selbst mit diesem Tweet solche falschen Fakten implizit verbreitet.

Auffällig ist, dass beide Parteimitglieder die digitale Darstellung der Kollektivsymbole als Hashtags gewählt haben. Hier werden Kollektivsymbole als Hashtags kodiert. Laut Fleischer ermöglichen Kollektivsymbole „Mitgliedern diverser kultureller Formationen, sich als dazugehörig zu erkennen zu geben"[204]. Genau dies ermöglicht auch die Verwendung von Hashtags auf Twitter. Weidel und Pasemann zeigen sich durch die Verwendung der Kollektivsymbole als Hashtags auf Twitter einer politischen Gruppe zugehörig und grenzen sich gleichzeitig von anderen ab. Wer die Kollektivsymbole und Hashtags ‚#Klimahysterie' und ‚#Klimakirche' verwendet, kann sich so als Teil einer Gruppierung zu erkennen geben.

202 Nocun, Katharina; Lamberty, Pia: Fake Facts. Wie Verschwörungstheorien unser Denken bestimmen. […]. S. 97.

203 Vgl. ebd.

204 Fleischer, Michael: Kulturtheorie. Systemtheoretische und evolutionäre Grundlagen. […]. S. 334.

Wie gefährlich es ist, online mit Hilfe von Kollektivsymbolen Verschwörungserzählungen zu verbreiten, machen die Kommentare unter Pasemanns Tweet deutlich:

Abb. 12: Twitter.com. 10.03.209.

Diese Kommentare verdeutlichen, dass sich unter solchen Tweets Echokammern von Verschwörungsideolog*innen bilden, die sich unwidersprochen in ihren Ansichten und Ideen unterstützen. Die AfD nutzt so die Plattform Twitter, um mit den Kollektivsymbolen der ‚Klimahysterie' und der ‚Klimakirche' Verschwörungserzählungen einfach und verständlich in der Bevölkerung zu verbreiten. Sie bietet Verschwörungsideolog*innen unter ihren Tweets eine Plattform und einen Nährboden für die weitere Etablierung solcher inkorrekten Ansichten. Mit den Kollektivsymbolen suggerieren die Nutzer*innen, dass es sich in ihren Aussagen um Tatsachen handelt. Sie beanspruchen eine Gültigkeit für das Gesagte. Die Partei der AfD nutzt durch die Accounts ihrer Parteimitglieder die Plattform Twitter erkennbar als Plattform für ihre politische Kommunikation und Propaganda.

6. Instagram

Die Zahl der aktiven Instagram-Konten liegt im Jahr 2021 bei über einer Milliarde weltweit und auch in Deutschland ist die Plattform eines der beliebtesten Social Media-Netzwerke.[205] Auf Instagram[206] werden Fotos, Videos, Texte oder Live-Übertragungen mit Freund*innen oder der Öffentlichkeit geteilt. Ein wichtiges Merkmal von Instagram ist der Algorithmus der Plattform. Denn wie auch bei anderen sozialen Medien speichert der Algorithmus die Vorlieben der Nutzer*innen, insbesondere auf der ‚Vorschläge/Suchen'-Seite ab: Wenn mehrere Beiträge eines bestimmten Stils oder zu einem spezifischen Hashtag angeklickt und gelikt werden, werden automatisch neue Vorschläge von Inhalten in diese Richtung angezeigt.

In den letzten Jahren wurden solche Netzwerke vermehrt von der rechtsextremen Szene genutzt, um ihre Zielgruppen direkt anzusprechen. Moderne Kommunikationsmedien zu nutzen, um eine „eher rückwärts gewandte Ideologie"[207] zu verbreiten, ist in dieser Szene eine bewährte Praxis. Reissen-Kosch hebt hervor, dass schon die National-

---

205 Vgl. Roth, Phillip: Offizielle Nutzerzahlen: Instagram in Deutschland und Weltweit. Allfacebook.de. 06.10.2020. URL: https://allfacebook.de/instagram/instagram-nutzer-deutschland [zuletzt aufgerufen am 03.01.2021].

206 Das soziale Netzwerk Instagram wurde im Jahr 2010 von Kevin Systrom und Mike Krieger in Amerika gegründet. Schon am ersten Tag registrierten sich 25.000 Nutzer*innen. Im Jahr 2012 kaufte Mark Zuckerberg mit seinem Unternehmen Facebook Inc. Instagram für eine Milliarde Dollar. Es wurde, samt aller Beschäftigten, als Tochterunternehmen eingebunden. Als Facebook „dem kleinen Tochterunternehmen sukzessive die unternehmerische Freiheit" entzog, verließen die beiden Instagram-Gründer das Unternehmen im Jahr 2018. (Schuler, Marcus: 10 Jahre nach dem Start. Wie Instagram zur Internet-Großmacht wurde. Tagesschau.de. 06.10.2020. URL: https://www.tagesschau.de/wirtschaft/instagram-125.html [zuletzt geöffnet am 03.01.2021]).

207 Reissen-Kosch, Jana: Wörter und Werte – Wie die rechtsextreme Szene im Netz um Zustimmung wirbt. In: Diekmannshenke; Hajo; Niehr, Thomas [Hrsg.]: Öffentliche Wörter. Analysen zum öffentlich-medialen Sprachgebrauch. Stuttgart: ibidem-Verlag 2013. S. 95.

sozialisten die damaligen neuen Kommunikationsmöglichkeiten über Rundfunk und Fernsehen für ihre Propaganda vereinnahmten.[208] Im Jahr 2020 wird dies nun über das Kommunikationsmedium Instagram praktiziert: Politisch rechts zu verortende Parteien werben hier online neue Mitglieder an und verbreiten ihre Propaganda.

Der rechten Szene lässt sich auch die Partei ‚Alternative für Deutschland' zuordnen.[209] Seit ihrer Gründung am 6. Februar 2013 in Berlin konnte sich die Partei auf rasante Weise im politischen Geschehen Deutschlands etablieren. Hollasky, Ludwig und Stanišic zufolge war der politische Aufstieg der Partei eng mit der Krise der Europäischen Union und des Euros verbunden.[210] Diese Krise trug zu der Stärkung nationalistischer Stimmungen bei, von der die AfD profitieren konnte. So scheiterte sie bei den Bundestagswahlen 2013 nur knapp an der Fünfprozenthürde.[211] Bei den Wahlen zum Europäischen Parlament im Jahr 2014 kam die AfD jedoch auf 7,1 % und zog als eurokritische Partei in das Brüsseler Parlament ein.[212] In den darauffolgenden Jahren wurde das Wahlprogramm der AfD um die Themenfelder der Energie-, Familien-, Bildungs-, Zuwanderungspolitik und Grenzkriminalität erweitert.[213]

208 Reissen-Kosch, Jana: Wörter und Werte – Wie die rechtsextreme Szene im Netz um Zustimmung wirbt. In: Diekmannshenke; Hajo; Niehr, Thomas [Hrsg.]: Öffentliche Wörter. Analysen zum öffentlich-medialen Sprachgebrauch. Stuttgart: ibidem-Verlag 2013. S. 95.

209 Eine Studie der Bertelsmann Stiftung vom 01. Februar 2021 ergab, dass fast jede*r dritte AfD-Wähler*in (29 %) manifest rechtsextrem eingestellt ist. Ein weiteres Viertel (27 %) vertritt latent rechtsextreme Einstellungen. Insgesamt sind damit deutlich mehr als die Hälfte aller AfD-Wähler*innen (56 %) latent oder manifest rechtsextrem eingestellt. (Vgl. Vehrkamp, Robert: Rechtsextreme Einstellungen der Wähler*innen vor der Bundestagswahl 2021. In: Einwurf – Ein Policy Brief der Bertelsmann Stiftung. URL: https://www.bertelsmann-stiftung.de/fileadmin/files/BSt/Publikationen/GrauePublikationen/ZD_Einwurf_1_2021.pdf [zuletzt aufgerufen am 08.02.2021].

210 Vgl. Hollasky, Steve; Ludwig, Claus; Stanišic, Sascha: Brandstifter. AfD. Pegida. Islamhass. Analysen & Gegenstrategien. 2. Auflage. Berlin: Manifest Verlag 2017. S. 39–40.

211 Vgl. Alban, Werner: Was ist, was will, wie wirkt die AfD? Köln [u.a.]: Neuer ISP Verlag 2015. S. 64.

212 Vgl. Crome, Erhard: AfD. Eine Alternative? […]. S. 16.

213 Vgl. Bücker, Sinah; Schade, Sarah Maria; Wiegerling, Ulrike: Die AfD. Woher sie kommt, wie sie funktioniert, wer sie unterstützt. In: Walther, Eva; Isemann, Simon D. [Hrsg.]: Die AfD – psychologisch betrachtet. Wiesbaden: Springer Fachmedien Wiesbaden 2019. S. 33.

Mittlerweile ist die Partei in den Parlamenten aller deutschen Bundesländer vertreten.[214]

Schon im Programm der AfD aus dem Jahr 2016 zeigen sich die rechtspopulistischen Ansätze: Eine „deutsche Leitkultur“[215] wird gefordert und eine multikulturelle Gesellschaft abgelehnt. Noch deutlicher bringt es die Aussage „[d]er Islam gehört nicht zu Deutschland“[216] auf den Punkt. Zum Thema Einwanderung, Migration und Flucht fordert die Partei an mehreren Stellen in ihrem Grundsatzprogramm, dass Fluchtursachen in den Herkunftsländern der Geflüchteten bekämpft werden müssen, die europäischen Außengrenzen geschlossen und die deutschen Grenzen stärker kontrolliert werden sollen.[217] Sie spricht sich außerdem dafür aus „alle rechtskräftig abgelehnten Asylbewerber [...] unverzüglich außer Landes zu bringen“.[218] Bis heute zeigt sich, dass die AfD durch ihre Ziele ein Szenario „‚unserer Kultur‘“[219] des „‚[...]Abendland[es]‘“[220] entwirft, welches durch „‚Massenzuwanderung‘“[221] bedroht sei. Darüber hinaus übt die AfD immer wieder Elitenkritik aus, um sich von den sogenannten „Altparteien“[222] abzugrenzen. Die Partei knüpft damit an die weit verbreitete, auf konspirativen Motiven beruhende Haltung an, dass ‚die da oben‘ gegen die Interessen der Mehrheit agieren würden. Die genannten Programminhalte stellen nur einen Bruchteil der Ziele dar, die die AfD öffentlich formuliert. Dennoch wird bereits durch die zitierten Inhalte deutlich, dass die Partei rechtspopulistisch ist.

---

214 Vgl. Bücker, Sinah; Schade, Sarah Maria; Wiegerling, Ulrike: Die AfD. Woher sie kommt, wie sie funktioniert, wer sie unterstützt. In: Walther, Eva; Isemann, Simon D. [Hrsg.]: Die AfD – psychologisch betrachtet. Wiesbaden: Springer Fachmedien Wiesbaden 2019. S. 33.

215 Alternative für Deutschland: Programm für Deutschland. Das Grundsatzprogramm der Alternative für Deutschland. Beschlossen auf dem Bundesparteitag in Stuttgart am 30.04./01.05.2016. S. 92. URL: https://www.afd.de/grundsatzprogramm/#langversion [zuletzt aufgerufen am 09.01.2021].

216 Ebd., S. 96.

217 Vgl. Hollasky, Steve; Ludwig, Claus; Stanišic, Sascha: Brandstifter. AfD. Pegida. Islamhass. Analysen & Gegenstrategien. [...]. S. 92.

218 Alternative für Deutschland: Programm für Deutschland. Das Grundsatzprogramm der Alternative für Deutschland. [...]. S. 120.

219 Hollasky, Steve; Ludwig, Claus; Stanišic, Sascha: Brandstifter. AfD. Pegida. Islamhass. Analysen & Gegenstrategien. [...]. S. 93. Hevorh. im Original.

220 Ebd., Hervorh. im Original.

221 Ebd., Hervorh. im Original.

222 Werner, Alban: Was ist, was will, wie wirkt die AfD? [...]. S. 99. Hervorh. im Original.

Angenendt exponiert, dass gegenwärtig keine andere Partei im deutschen Politikgeschehen derart polarisiert wie die Alternative für Deutschland.[223] Immer wieder wird die Nähe zu der islam- und ausländerfeindliche Protestbewegung ‚Patriotische Europäer gegen die Islamisierung des Abendlandes' (kurz: ‚Pegida') deutlich. Zum Beispiel durch Aussagen Björn Höckes, der in Erinnerung an die ersten Straßenproteste, die Oktober 2014 von der „neurechten sozialen Bewegung Pegida"[224] in Dresden veranstaltet wurden, die Demonstration einen „Pegida-Spaziergang"[225] nannte.[226] Diese kalkulierte Sprachnutzung sagt viel über die Gesinnung der Partei aus. Aussagen der Parteimitglieder werden in der Öffentlichkeit, den sozialen Medien oder den traditionellen Medien häufig diskutiert. Die Journalistin und politische Aktivistin Kübra Gümüşay hält kritisch fest:

> Wir haben die AfD so groß gemacht, wie sie heute ist. Indem wir ihre Provokationen durch unsere Diskussionen legitimierten. Indem wir Hass zur Meinung erkoren haben. Indem wir ihre Menschenfeindlichkeit, ihren Rassismus, ihren Antisemitismus, ihren Sexismus zu legitimen Perspektiven geadelt haben.[227]

Mit dieser Aussage prangert sie die Popularität der Partei in Deutschland an.

Das deutsche Recherchezentrum CORRECTIV hat herausgefunden, dass der Landesverband der Jungen Alternative (JA) Berlin, der Jugendorganisation der AfD, mittlerweile die Hälfte seiner Neuzugänge über Instagram akquiriert.[228] Eine Onlinestudie von ARD und ZDF

---

223 Vgl. Angenendt, Vanessa: Von »Denkmal der Schande« bis »Vogelschiss«. Der Symbolgebrauch der AFD. In: kuluRRevolution: Zeitschrift für angewandte Diskurstheorie. Essen: Klartext Verlag 2019. Nr. 77/78. S. 109.

224 Ebd.

225 Höcke, Björn: Rede in Dresden. Tagesspiegel.de. 19.01.2017. URL: https://www.tagesspiegel.de/politik/hoecke-rede-im-wortlaut-gemuetszustand-eines-total-besiegten-volkes/19273518.html [zuletzt aufgerufen am 07.01.2021].

226 Angenendt analysiert, dass durch die Verwendung des Kollektivsymbols ‚Spaziergang' die Pegida-Demonstrationen bagatellisiert werden und so ein positives Bild der Demonstration erzeugt wird (Vgl. Angenendt, Vanessa: Von »Denkmal der Schande« bis »Vogelschiss«. Der Symbolgebrauch der AFD […]. S. 109).

227 Gümüşay, Kübra: Sprache und Sein. München: Carl Hanser Verlag 2020. S. 128.

228 Vgl. Echtermann, Alice; Steinberg, Arne; Diaz, Celsa; Kommerell, Clemens, Eckert, Till: Wie tausende Rechte Instagrams Schwachstellen ausnutzen. In: Echtermann, Alice; Steinberg, Arne; Diaz, Celsa; Kommerell, Clemens, Eckert, Till:

recherchierte die Hintergründe. Sie gibt an, dass täglich 53 % der 14- bis 29-Jährigen in Deutschland Instagram nutzen, von den 30- bis 40-Jährigen nutzen nur 13 % täglich die Plattform und von den 50- bis 69-Jährigen sogar nur 1 %.[229] Demnach lassen sich vor allem junge Menschen über dieses soziale Medium erreichen. Dies macht sich die rechte Szene zu Nutzen.

Sie verwenden zum Beispiel Hashtags, um die Aufmerksamkeit junger Menschen auf ihre Accounts zu lenken. Hashtags dienen außerdem oft als versteckte Botschaften für Mitglieder der Szene. Ähnliches gilt für die Nutzung von Emojis. Diese können laut CORRECTIV als „Codes der Eingeweihten"[230] gewertet werden. So verwenden zum Beispiel Accounts, die Inhalte über die AfD posten, überdurchschnittlich häufig blaue Herzen als Emojis. Sie dienen online als Erkennungszeichen der AfD, da Blau die offizielle Farbe der Partei ist. Der Emoji wird jedoch auch von Mitgliedern rechtsextremer Gruppen als Erkennungszeichen verwendet.[231] Auf diese Weise werden radikale Botschaften auf der Plattform versteckt und erst bei genauerer Untersuchung erkennbar.

Rechte Propaganda ist auf Instagram in einer großen Zahl zu finden. Dazu gehören auch ‚Fake Facts' und Verschwörungsmythen, die von Accounts mit rechtem politischen Hintergrund verbreitet werden. Auffällig ist dabei der zielgruppenorientierte Schreibstil in solchen Postings. Personen, die auf der Plattform unterwegs sind, sollen so möglichst schnell vom dahinterstehenden politischen Gesamtkonzept

Kein Filter für Rechts. Wie die rechte Szene Instagram benutzt, um junge Menschen zu rekrutieren. Correctiv.org. 07. Oktober 2020. URL: https://correctiv.org/top-stories/2020/10/06/kein-filter-fuer-rechts-instagram-rechtsextremismus-frauen-der-rechten-szene/ [zuletzt aufgerufen am 17.12.2020].

229 Vgl. ARD/ZDF-Onlinestudie: Nutzung von Social Media/ WhatsApp 2020. URL: https://www.ard-zdf-onlinestudie.de/social-mediawhatsapp/ [zuletzt aufgerufen am 03.01.2021].

230 Echtermann, Alice; Steinberg, Arne; Diaz, Celsa; Kommerell, Clemens, Eckert, Till: Die Hashtags, Emojis und Codes der rechten Szene auf Instagram. In: Echtermann, Alice; Steinberg, Arne; Diaz, Celsa; Kommerell, Clemens, Eckert, Till: Kein Filter für Rechts. Wie die rechte Szene Instagram benutzt, um junge Menschen zu rekrutieren. Correctiv.org. 12. Oktober 2020. URL: https://correctiv.org/top-stories/2020/10/12/kein-filter-fuer-rechts-instagram-rechtsextremismus-kommunikation-hashtags-emojis-codes/#hashtag [zuletzt aufgerufen am 17.12.2020].

231 Vgl. Ebd.

zu überzeugt werden.[232] Oftmals wird mit scheinbar harmlosen Symbolen und Bildern eine große Reichweite in den sozialen Medien generiert. Für die Nutzer*innen führt dabei ein Like – ob bewusst oder unbewusst – direkt dazu, dass sie immer tiefer in die rechte Szene auf Instagram hineingezogen werden.

6.1 Die ‚Festung Europa'

Um ihre politischen Ziele auf Instagram zu verbreiten, propagiert die Partei AfD radikale Inhalte über Bilder, bei denen erst bei näherer Betrachtung die extreme Botschaft dahinter deutlich wird. Insbesondere die Jugendorganisation der AfD, die Junge Alternative, zeigt sich stark auf der Plattform. Der offizielle Account hat über 10.000 Abonnent*innen (Stand Juli 2021) und veröffentlicht wöchentlich neue Beiträge.[233] Sie orientiert sich dabei inhaltlich an dem Parteiprogramm der AfD, indem unter anderem das Thema Flucht und Migration im Mittelpunkt des Accounts steht. Nachdem Pegida im Jahr 2014 eine öffentlich aggressive Stimmung gegen Geflüchtete hoffähig gemacht hat[234], trägt die AfD durch geschickt platzierte Social Media-Postings auch heute noch zu dieser Stimmungsmache bei. Gerade bei der Thematisierung von Einwanderung oder Flucht ist der Einsatz von Kollektivsymbolen dominant. Schon beim Einwanderungsdiskurs in den 1990er Jahren[235] wurden vor allem Flut- und Boots-Symboliken verwendet. In Zeitungen und

232 Vgl. Reissen-Kosch, Jana: Wörter und Werte – Wie die rechtsextreme Szene im Netz um Zustimmung wirbt. [...]. S. 97.

233 Vgl. Junge Alternative. Instagram.com. URL: https://www.instagram.com/junge_alternative_deutschland/ [zuletzt aufgerufen am 16.07.2021].

234 Vgl. Hollasky, Steve; Ludwig, Claus; Stanišic, Sascha: Brandstifter. AfD. Pegida. Islamhass. Analysen & Gegenstrategien. [...]. S. 88.

235 Zu Beginn der 90er Jahre gab es in Deutschland eine große politische und mediale Debatte zum Thema Flucht und Asyl. Flüchtlingsheime wurden angezündet und überfallen. Die mediale Berichterstattung und die Politik haben die deutsche Gesellschaft damals durch Symbole und deren bildliche Logiken in eine Notwehrsituation hineingeschrieben. Die Antwort der Politik bestand damals in der Zurückdrängung der Geflüchteten und Eingewanderten, indem „1933 der Asyl-Artikel des Grundgesetzes bis zur Unkenntlichkeit eingeschränkt und faktisch abgeschafft wurde". (Jäger, Margarete; Jäger, Siegfried: Deutungskämpfe. Theorie und Praxis kritischer Diskursanalyse. [...]. S. 120).

Fernsehen war viel von der „‚Asylantenflut‘ oder auch dem ‚Flüchtlingsstrom‘, den es ‚einzudämmen‘ gelte“[236], die Rede. Dies führte dazu, dass die mediale Darstellung Einwanderung und Flucht als Bedrohung inszenierte. Diese Bildlichkeiten haben sich verfestigt und werden in diesem Diskurs auch heute noch verwendet. Ley hebt dazu hervor, dass Sprache die Macht hat, Gewalt vorzubereiten. Wenn also eine Vielzahl von Geflüchteten als „Flüchtlingsschwemme“[237] bezeichnet wird, wird diesen Personen ihre Individualität abgesprochen. Sie werden als Masse und nicht als Menschen betrachtet. Eine solche anstachelnde Sprache kann – ob mit Absicht oder nicht – zu radikalen Handlungen auffordern und Gewalt legitimieren. Laut Jäger und Jäger hat sich der hegemoniale Mediendiskurs mit der „rot-grünen-Wende von 1988“[238] jedoch wieder stärker zurückgenommen. Auch nach dem 11. September 2001 hat sich diese Tendenz nicht völlig verändert, „[d]ennoch hat sich seit dieser Zeit ein Feindbild verstärkt, das auch das Bild von in Deutschland lebenden ausländischen Personen tangiert“.[239] Im Jahr 2015 hat vor allem die AfD im Zuge der Einreise von Millionen Geflüchteter und Migrant*innen diese Feinbilder wieder verstärkt aufleben lassen. Auch heute beziehen sie sich weiterhin auf diese Bilder und positionieren sich klar ausländerfeindlich in der Debatte rund um das Thema Flucht. So postet die Junge Alternative am 24. April 2020 folgenden Beitrag auf Instagram:

236 Jäger, Margarete; Jäger, Siegfried: Deutungskämpfe. Theorie und Praxis kritischer Diskursanalyse. [...]. S. 47. Hervorh. im Original.

237 Ley, Hannes: #ichbinhier. Zusammen gegen Fake News und Hass im Netz. Köln: DuMont Buchverlag 2018. S. 29.

238 Jäger, Margarete; Jäger, Siegfried: Deutungskämpfe. Theorie und Praxis kritischer Diskursanalyse. [...]. S. 122.

239 Ebd., S. 123.

Abb. 13: Junge Alternative. Instagram.com. 24.04.2020.

Das Bild wurde von dem Account der Jungen Alternative Bayern gerepostet. Der Text unter dem Post lautet:

Festung Europa, statt offene Grenzen.

Die alles bestimmende Frage unserer Zeit ist die Migrationsfrage. In einer Welt, in der das Reisen und Umherziehen auch für die ärmsten Teile der Weltbevölkerung immer erschwinglicher wird, ist unsere gewachsene abendländische Kultur in einer Weise herausgefordert, die historisch einzigartig ist.[1] Unsere Sprache und Kultur, Mentalität und Lebensart, unsere Traditionen, Sitten und Werte – kurzum alles, was unsere Identität als Deutsche ausmacht – werden durch Migranten, die sich nicht anpassen können oder wollen, zunehmend in Frage gestellt.

Das herrschende linksliberale Establishment erkennt dies aber nicht als eine Gefahr an, sondern glaubt, dass offene Grenzen und eine schrankenlose Aufnahme von Migranten aus uns gänzlich fremden Kulturen zur „Bereicherung" unserer Nation beitragen. Dieser unsinnigen „Willkommenspolitik" setzen wir einen scharfkantigen Entwurf gegenüber, der insbesondere an folgenden Eckpunkten ansetzt:

1.) Schutz der nationalen Grenzen ergänzt durch EU-Grenzschutz. Dies verbunden mit einer klaren Botschaft nach australischem Vorbild: „No way - You will not make Europe home!" statt Grenzübergänge löchrig wie Schweizer Käse und mit Migranten Selfie-schießende „Mama Merkel", die erst dazu einlädt, den Weg nach Deutschland anzutreten.

2.) Strikte Trennung von Zuwanderung und Asyl. Sofern überhaupt ein Asylgrund besteht, handelt es sich bei Letzterem um humanitären Schutz auf Zeit. Nach Wegfall des Schutzgrundes sind die Gäste umgehend zurückzuführen. Migration als nicht nur vorübergehendes Bleiberecht hat sich dagegen ausschließlich an den Interessen Deutschlands zu orientieren und wird durch ein Einwanderungsgesetz geregelt. Ein „Spurwechsel" ist abzulehnen.

[1] Siehe nur erneut Münchener Merkur vom 13.02.2020 - https://bit.ly/3eizAVu

Erfahre jetzt mehr über uns bei unserem „Heimat-Hangout" via Discord (für Interessenten zwischen 14 und 36 Jahre). Termine: https://bit.ly/3bmpktC

#GenerationDeutschland #JungeAlternative #JungenAlternativeBayern #GenerationNation #Patriotismus #Patrioten #Freiheit #Deutschland #Heimatliebe #Heimat #Konservatismus #kons

Alle 37 Kommentare ansehen

24. April

Abb. 14: Junge Alternative. Instagram.com. 24.04.2020.

Die Jugendorganisation der AfD fordert hier eindeutig eine „Festung Europa, statt offene Grenzen".[240] Sie nutzt ein Kollektivsymbol, um ihr politisches Ziel leicht verständlich zu vermitteln. Durch das gepostete Bild wird das Kollektivsymbol dargestellt, um mit wenig Platz, kurz und knapp eine Botschaft zu verbreiten. Die Pictura der ,Festung' wird hier ikonisch durch den Drahtzaun abgebildet. Indem er das gesamte Bild einnimmt und die Hände scheinbar vergeblich an den Drähten des Zaunes ziehen, wirkt er undurchdringlich. Durch diese Pictura wird die Subscriptio von Europa als eingegrenztes Gebiet, welches für eventuelle ,Eindringlinge' uneinnehmbar ist, evoziert. Die ,Eindringlinge' sollen in diesem Fall Migrant*innen sein. Die Pictura der ,Festung Europa' steht hier also in der Subscriptio für die Europäische

240 Junge Alternative. Instagram.com. 24.04.2020. URL: https://www.instagram.com/p/B_Wwo8lALMz/ [zuletzt aufgerufen am 16.04.2021].

Union in ihrer systemischen Geschlossenheit. Diese Geschlossenheit eröffnet die Dichotomie des ‚wir' und ‚sie'. ‚Wir', die innerhalb Europas leben und ‚sie', die außerhalb Europas leben. Eine Eigen- und eine Fremdgruppe werden gegenübergestellt. Nach Breidbach, Neubner und Tateo wird dieses Kollektivsymbol dadurch motiviert, dass „der geschlossene Gebäudekomplex mit der Geschlossenheit der Gesellschaft korrespondiert".[241]

Das Kollektivsymbol wird hier online verwendet, um eine Verschwörungserzählung der extremen Rechten zu propagieren: die Erzählung rund um die Verschwörung der Islamisierung Europas.

Anhänger*innen dieser Erzählung glauben, dass Europa sich „auf direktem Wege nach ‚Eurabien'"[242] befinde. Sie verbreiten die Erzählung des ‚großen Austauschs', die besagt, dass die europäischen Regierungen darauf hinarbeiten würden, die gesamte Bevölkerung Europas durch Einwander*innen aus muslimischen Ländern zu ersetzen. „Unter dem Label ‚Bevölkerungsaustausch' oder ‚Umvolkung' finden sich im Netz zahlreiche Varianten [der Erzählung]"[243] – so Nocun und Lamberty. Vorreiter*innen dieser Erzählungen sind in Deutschland die rechtsextreme Gruppierung der ‚Identitären Bewegung', oder Pegida.[244] Sie finden jedoch auch Eingang in das deutsche Parlament, indem die AfD sie konkret aufgreift. So gibt im Jahr 2017 der damalige AfD-Parteichef Gauland bekannt: „Der Bevölkerungsaustausch in Deutschland läuft auf Hochtouren".[245] Er artikuliert hier eindeutig einen ‚Fake Fact'. An genau diese Verschwörungserzählung und diesen ‚Fake Fact' knüpft die Junge Alternative mit ihrem Instagram-Beitrag im April 2020 an. Nocun und Lamberty analysieren:

241 Breidbach, Jessica; Neubner, Thomas; Tateo, Ivo: Orientalismus als Element des medialen Diskurses über „Parallelgesellschaften". Kollektivsymbolvermittelte Feindbildkonstruktionen in Karikaturen. In: Köster, Werner [Hrsg.]: Parallelgesellschaften. Diskursanalysen zur Dramatisierung von Migration. Beiträge studentischen Forschens. Essen: Klartext Verlag 2009. S. 123.

242 Nocun, Katharina; Lamberty, Pia: Fake Facts. Wie Verschwörungstheorien unser Denken bestimmen. […]. S. 161. Hervorh. im Original.

243 Ebd., S. 164. Hervorh. im Original.

244 Vgl. ebd.

245 Gauland, Alexander. Berlin. 05.04.2017. Afd.de. URL: https://www.afd.de/alexander-gauland-erschreckende-zahlen-der-bevoelkerungsaustausch-laeuft/ [zuletzt geöffnet am 11.01.2020].

> Für radikale Anhänger des ‚großen Austauschs' handelt es sich bei Asylsuchenden keineswegs um Kriegsflüchtlinge, sondern viel mehr um eine Art ‚moderne Eroberer'. Mit diesem Bild im Hinterkopf fällt es im nächsten Schritt natürlich leichter, in eine kriegerische Rhetorik zu wechseln und einer Gruppe die Menschlichkeit abzusprechen.[246]

Sprache dient hier als Beschleuniger für gewalttätige Radikalisierung. Kollektivsymbole, in denen die militärische Sprache dominiert, helfen Verschwörungsideolog*innen, ihre Erzählungen mit indirekten Aufrufen zu Gewalt zu versehen. Hier wird durch Sprache eine Verschwörung skizziert, die auf eine Invasion Europas von außen verweist.

Die verwendete Pictura der europäischen ‚Festung' ist dabei ein bereits historisch verankertes Symbol. ‚Staatsgebäude'-Symbole stehen in einer geschichtlichen Tradition – Parr verweist hier beispielsweise auf das Alte Testament und den Turmbau zu Babel.[247] Diese ‚Gebäude'-Symbole basieren im Kern auf der einfachen ‚Haus'-Symbolik, die als Pictura für Gesellschafts- und Staatssysteme dient, in diesem Fall für die Europäische Union. So wurde in Deutschland bereits im Jahr 1985 von Michail Gorbatschow, dem damaligen Generalsekretär der KPSU und kommendem Präsidenten der Sowjetunion, das Bild des ‚gemeinsamen europäischen Hauses' eingeführt.[248] Zur Verwendung der Symbolik durch Gorbatschow hält Parr fest, dass sich das Ende der Grenze zwischen Ost und West zunächst symbolisch manifestierte,

> und zwar in Gestalt des ‚gemeinsamen europäischen Hauses' (GEH), einer Bildlichkeit, die Michail Gorbatschow dem westlichen Mediendiskurs entlieh, um sie dann wieder zur massenhaften Applikation freizugeben.[249]

Die Übernahme des Kollektivsymbols in den Alltag gelang so gut, dass das ‚gemeinsame europäische Haus' im Jahr 1989 zu den Wörtern des Jahres zählte. Die Wahl der Symbolik war von Gorbatschow wohl

---

246 Nocun, Katharina; Lamberty, Pia: Fake Facts. Wie Verschwörungstheorien unser Denken bestimmen. […]. S. 168.

247 Vgl. Parr, Rolf: „Was ist des deutschen Vaterhaus?" – Kleines Belegstellenarchiv zum ‚gemeinsamen europäischen Haus'. In: kuluRRevolution: Zeitschrift für angewandte Diskurstheorie. Essen: Klartext Verlag 1990. Nr. 23. S. 74.

248 Vgl. Parr, Rolf; Reinecke, Siegfried: Faszinationsenergie. Zur symbolischen Realität im neuen Deutschland. […]. S. 6.

249 Parr, Rolf: „Was ist des deutschen Vaterhaus?" – Kleines Belegstellenarchiv zum ‚gemeinsamen europäischen Haus'. […]. S. 74.

kalkuliert und an den westlichen Mediendiskurs angepasst. Schon damals nutzten Journalist*innen und Politiker*innen einfache Bilder, um komplizierte Vorgänge zu veranschaulichen. Nach Parr und Reinecke ist das ‚gemeinsame europäische Haus' inzwischen zu einem Kulturgut geworden.[250] An genau diesem Kulturgut orientiert sich die Symbolik der ‚Festung Europa' und erweitert sie in Richtung des militärischen Themenfeldes. Die ‚Haus'-Symbolik eröffnet eine Innen-Außen-Dichotomie „zwischen dem sicheren, geschlossenen System und dem diskursivierten, bedrohlichen *Außen*"[251], die so auch bei einer ‚Festung' festzustellen ist. Außerdem kommt durch eine syntagmatische, also „auf die Elemente des Symbols bezogene"[252], Ausdifferenzierung eine Isotopie zustande. Bei der Bildlichkeit des ‚Hauses' wird durch Fenster, Türen oder die Mauern eine Grenze zwischen Innen und Außen manifestiert:

> Das *Fenster* fungiert als Kanal, der einen Austausch zwischen beiden Systemen ermöglicht; ebenso die *Tür*. Isomorphe-Relationen bzw. Form- und Strukturgleichheiten entstehen zwischen Symbolisant und Symbolisat insofern, als sich in dem hier angeführten Beispiel die *Mauer* zum *Haus* verhält wie die *Landesgrenze* zur *Nation*.[253]

Dies lässt sich so auch auf das Kollektivsymbol der ‚Festung' übertragen. Hier ist die Grenze, die die Mauern dieses Symbols ziehen, noch stärker erkennbar als im Symbol des einfachen Hauses. Das Kollektivsymbol kann durch die Ikonizität des Postings direkt auf Menschen, die auf dem Medium Instagram online sind, wirken und sie beeinflussen. Es wird verwendet, um auf leicht verständliche Weise ein politisches Ziel der AfD zu propagieren. Gleichzeitig vermittelt es auf versteckte Weise eine Verschwörungserzählung und ‚Fake Facts'.

In der Bildunterschrift des Postings wird die extremistische Grundhaltung des Instagram-Accounts der Jungen Alternative deutlich:

250 Vgl. Parr, Rolf; Reinecke, Siegfried: Faszinationsenergie. Zur symbolischen Realität im neuen Deutschland. […]. S. 6.

251 Breidbach, Jessica; Neubner, Thomas; Tateo, Ivo: Orientalismus als Element des medialen Diskurses über „Parallelgesellschaften". Kollektivsymbolvermittelte Feindbildkonstruktionen in Karikaturen. […]. S. 123. Hervorh. im Original.

252 Ebd.

253 Ebd.

> In einer Welt, in der das Reisen und Umherziehen auch für die ärmsten Teile der Weltbevölkerung immer erschwinglicher wird, ist unsere gewachsene abendländische Kultur in einer Weise herausgefordert, die historisch einzigartig ist. […] Unsere Sprache und Kultur, Mentalität und Lebensart, unsere Traditionen, Sitte und Werte – kurzum alles, was unsere Identität als Deutsche ausmacht – werden durch Migranten, die sich nicht anpassen können oder wollen, zunehmend in Frage gestellt.[254]

Hier wird das Symbol der ‚Festung Europa' syntagmatisch zur ‚Festung Deutschland' expandiert. Das Kollektivsymbol der ‚Festung' hat mal die Subscriptio ‚Europa' und mal die Subscriptio ‚Deutschland', so dass ein zusätzlicher Signifikant eingeführt wird.

Über die Plattform Instagram nutzt die Junge Alternative hier die Möglichkeit, eine junge Zielgruppe mit ihrem rechten Gedankengut zu infiltrieren. Die Hashtags unter dem Post, wie zum Beispiel „#Deutschland #Heimatliebe #Heimat"[255], zeigen, dass Instagram-Nutzer*innen über die harmlose Suche nach diesen Schlagworten zu einem Posting der Jugendorganisation der AfD geleitet werden können, in dem rassistische Werte vermittelt und extremistische Positionen propagiert werden. Die Verwendung dieser Hashtags offenbart, dass die Junge Alternative sich dieses Weges der Beeinflussung deutlich bewusst ist. Sie nutzten bewusst die soziale Plattform, um politische Propaganda zu betreiben.

6.2 Rechte Propaganda mit Hilfe der Hashtags ‚#heimatverliebt' und ‚#heimatliebe'

Die rechte Szene nutzt Instagrams Schwachstellen aus: Sie hat Strategien entwickelt, wie sie mit harmlosen Bildern und Hashtags, wie ‚#heimatliebe' Aufmerksamkeit auf sich ziehen kann, „um radikale Inhalte breit zu streuen und vor allem junge Unterstützerinnen und Unterstützer zu gewinnen".[256] Gleichzeitig – so Kneuer und Richter – werden Symbole verwendet, um nach Außen und nach Innen die Zusammengehörigkeit

254 Junge Alternative. Instagram.com. 24.04.2020. URL: https://www.instagram.com/p/B_Wwo8lALMz/ [zuletzt aufgerufen am 16.04.2021].

255 Ebd.

256 Echtermann, Alice; Steinberg, Arne; Diaz, Celsa; Kommerell, Clemens, Eckert, Till: Wie tausende Rechte Instagrams Schwachstellen ausnutzen. […].

der Gruppe zu demonstrieren. Die kollektive Identität, das sogenannte „Wir-Gefühl"[257], spiegelt sich in der Weitergabe solcher Symbole wider. Wer die Hashtags ‚#heimatverliebt' und ‚#heimatliebe' in der Instagram-Suche eingibt, findet zunächst eine Reihe von Naturbildern und viele harmlose Fotos von Menschen, die unter diesem Hashtag ihre Heimat präsentieren. Erst bei genauerem Hinsehen entdeckt man eine Vielzahl an Beiträgen, die rechtes Gedankengut vermitteln. Das Bild zeigt eine wehende Deutschlandfahne vor strahlend blauem Himmel. Die Bildunterschrift mit den Hashtags „#deutschlandduschönesland #jungealternative"[258] identifiziert die Nutzerin als Unterstützerin der Jungen Alternative. Der Weg zu diesem Post über die Hashtags ‚#heimatverliebt' und ‚#heimatliebe' wird in den Kommentaren des Beitrags deutlich. Dort hat die Nutzerin genau diese beiden Hashtags verwendet, damit Personen, die online danach suchen, auf ihren Post weitergeleitet werden. Der Beitrag an sich ist noch nicht in das Feld extremer Verbreitung von rechtem Gedankengut einzuordnen. An seinem Beispiel lässt sich jedoch sehr gut nachvollziehen, wie schnell Instagram-Nutzer*innen in diese Szene hineingezogen werden können: Wenn man durch die Suchfunktion auf Instagram auf diesen Post aufmerksam wird und dann auf den Profilnamen der Nutzerin klickt, gelangt man sehr schnell zu ihrem gesamten öffentlichen Profil und Instagram-Feed.

In ihrer Profilbeschreibung[259] verwendet sie mehrere blaue Emojis, darunter auch das blaue Herz. Wie bereits analysiert, wird dieses von AfD Mitgliedern/Anhänger*innen als Erkennungsmerkmal auf der Plattform verwendet.[260] Auch eine Deutschlandflagge weist als Emoji auf einen Code hin, der die Zusammengehörigkeit in dieser Szene markieren soll. Auf den ersten Blick sehen die von ihr geposteten Bilder harmlos aus: ein Waldweg, Bäume, viel Natur. Klickt man die einzelnen Beiträge aber an, wird beispielsweise am 18. September 2020 ein Bild der Stadt

257 Kneuer, Marianne; Richter, Saskia: Soziale Medien in Protestbewegungen. Neue Wege für Diskurs, Organisation und Empörung? [...]. S. 39.

258 Instagram.com. 09.09.2020. URL: https://www.instagram.com/p/CE7I7t3KtJC/ [zuletzt aufgerufen am 15.01.2021].

259 Instagram.com. URL: https://www.instagram.com/maariaaaaa_b/ [zuletzt aufgerufen am 11.06.2021].

260 Vgl. Echtermann, Alice; Steinberg, Arne; Diaz, Celsa; Kommerell, Clemens, Eckert, Till: Die Hashtags, Emojis und Codes der rechten Szene auf Instagram. [...].

Köln angezeigt, welches im ersten Moment als ungefährlich und rein ästhetisch erscheint. Die Bildunterschrift dazu lautet jedoch:

Abb. 15: Instagram.com. 16.09.2020.

Bei genauerer Recherche ist festzustellen, dass das Bild der Stadt Köln zu diesem Beitrag ein Stock-Foto der Bilderplattform Pixabay[261] ist. Da der Account der Nutzerin auch sonst keine frontalen Bilder von ihr selbst zeigt, sondern nur wenige Aufnahmen eines brünetten Mädchens von hinten, liegt hier die Vermutung nahe, dass es sich um ein Fake-Profil handelt. Ley hält dazu fest, dass solche schnell zu erkennen sind: „Sie nutzen oft Profilbilder, die man über die Google-Bildersuche in anderen Zusammenhängen wiederfindet. Und die Profile sind im Regelfall auffallend leer oder unpersönlich."[262] Oftmals werden diese Profile auch von bezahlten Saboteur*innen angelegt, um Meinungen und Ansichten

261 Vgl. Pixabay.com. URL: https://pixabay.com/de/photos/köln-deutzer-brücke-brücke-nacht-2117259/ [zuletzt aufgerufen am 22.02.2021].

262 Ley, Hannes: #ichbinhier. Zusammen gegen Fake News und Hass im Netz. […]. S. 95–96.

zu verbreiten.[263] Eindeutig lässt es sich an dieser Stelle nicht ausmachen. Die Bildunterschrift dieses Posts weist jedoch klar auf rassistisches Gedankengut hin und deutet die Verschwörungserzählung des ‚großen Austausches' an.

Bei weiterer Untersuchung des Profils ist ein Beitrag vom 21. September 2020 zu finden. Er zeigt ein Bild vom Oktoberfest, auf dem mehrere Menschen vor einer Bühne nahe zusammenstehen und feiern. Mit der dazugehörigen Bildunterschrift „Schön wärs [sic!]… Hört endlich auf unsere Freiheit einzuschränken!"[264] outet sich der Account als der Szene der Kritiker*innen der Corona-Maßnahmen zugehörend. Die Maßnahmen der Politik, die mit der Corona-Pandemie einhergehen, werden hier eindeutig abgelehnt.

Diese Instagram-Beiträge zeigen, wie Nutzer*innen über die Suche nach den Hashtags ‚#heimatverliebt' und ‚#heimatliebe' zunächst auf Beiträge, dann auf Profile und dann auf weitere persönliche Beiträge dieser Profile geleitet werden. Die Hashtags werden von der rechten Szene bewusst eingesetzt, um genau dies zu bewirken. Sie wollen über einen harmlosen Eindruck und ästhetisch ansprechende Bilder auf Instagram radikale Ansichten, Verschwörungsmythen und ‚Fake Facts' verbreiten.

Die Hashtags sind digital markierte Schlagwörter. Sie sind hier nicht mit Kollektivsymbolen zu verwechseln. Die Inhalte, die unter diesen Hashtags zu finden sind, können aber dem Faszinationskomplex ‚Heimat' zugeschrieben werden, denn sie rufen die „Konnotation der Faszination"[265] ‚Heimat' hervor. Faszinationskomplexe ziehen ihrerseits bestimmte Kollektivsymbole an. So zieht der Faszinationskomplex der ‚Heimatliebe' hier Herzsymboliken an.

Disselnkötter und Parr haben in Aufnahme eines Schemas von Link[266] Kollektivsymbole in einem Kollektivsymbolsystem aufbereitet.

---

263 Vgl. ebd.

264 Instagram.com. 21.09.2020. URL: https://www.instagram.com/p/CFZkjSJKk4l/ [zuletzt aufgerufen am 15.01.2021].

265 Homann, Andreas: Eis. Kulturwissenschaftliche Erkundungen von der frühen Neuzeit bis heute. München: Wilhelm Fink Verlag 2017. S. 58.

266 Disselnkötter und Parr haben Links Schema in eine Serie von elf aufeinander aufbauenden Teilschemata aufgeteilt. (Vgl. Disselnkötter, Andreas; Parr, Rolf: Kollektivsymbolsystem – Didaktisch aufbereitet. In: kuluRRevolution: Zeitschrift für angewandte Diskurstheorie. Essen: Klartext Verlag 1994. Nr. 30. S. 52–65).

Mithilfe dieser Einzelzeichnungen, basierend auf Links Ursprungs-Schema, lassen sich auch die Hashtags ‚#heimatverliebt' und ‚#heimatliebe', beruhend auf dem Faszinationskomplex ‚Heimat', analysieren:

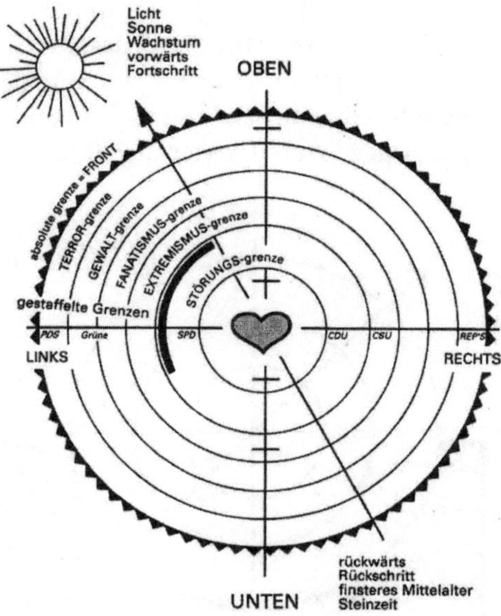

Abb. 16: Disselnkötter, Andreas; Parr, Rolf: Kollektivsymbolsystem – Didaktisch aufbereitet. […]. S. 60.

Das Schema zeigt ein System als kreisförmiges Gebilde mit verschiedenen nach außen hin gestaffelten Grenzziehungen:

> [E]iner absoluten Grenze des nicht mehr Akzeptablen (‚FRONT') und weiteren, vorgeschalteten ‚thematischen' Ausschlußlinien [sic!] (‚TERROR', ‚GEWALT', ‚FANATISMUS', ‚EXTREMISMUS'). Die eingetragenen Begriffe dürfen dabei lediglich als Beispiele ohne hierarchische Abfolge verstanden werden. Wichtiger ist, daß [sic!] man es mit einer nach außen stetig abnehmenden Staffelung dessen zu tun hat, was noch bzw. was nicht mehr als zum System gehörig akzeptiert werden kann.[267]

267 Disselnkötter, Andreas; Parr, Rolf: Kollektivsymbolsystem – Didaktisch aufbereitet. […]. S. 52. Hervorh. im Original.

Es lässt sich horizontal und vertikal teilen. Dadurch ergibt sich einerseits eine Rechts-Mitte-Links-Achse, auf der im Schema vor allem politische Positionen verortet werden. Andererseits hebt die vertikale Oben-Unten-Achse nicht nur eine hierarchische Gliederung in diesem Symbol-System hervor: „Sie kann auch als Körper topografiert werden, dessen Kopf im oberen Teil, dessen Herz in der Mitte und dessen Genitalien unten lokalisiert werden."[268] Im System ist außerdem eine diagonale Achse auszumachen. Diese teilt es dynamisch in Fortschritt und Rückschritt ein und zeigt die dazugehörigen Symbol-Serien an. Hinzu kommt folgendes Teilschema:

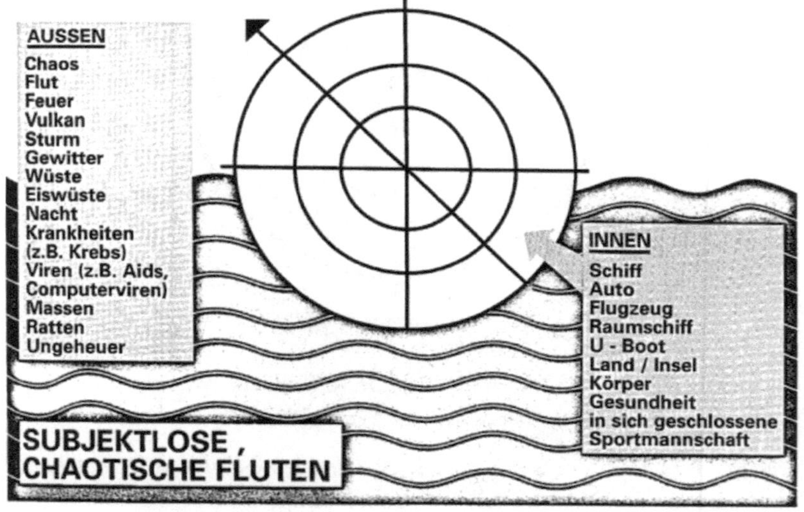

Abb. 17: Disselnkötter, Andreas; Parr, Rolf: Kollektivsymbolsystem – Didaktisch aufbereitet. […]. S. 61.

Hier wird das ursprüngliche Schema um eine Bedrohung von außen erweitert. Die beiden grau hinterlegten Kästchen zum Außen und Innen nennen die in diesem System häufig benutzen Bilder:

268 Jäger, Margarete; Jäger, Siegfried: Deutungskämpfe. Theorie und Praxis kritischer Diskursanalyse. […]. S. 41.

> Das eigene ‚System' wird in der Regel durch Vehikel-Symbole wie ‚Auto', ‚Flugzeug', ‚Raumschiff' [...] dargestellt, vielfach auch in Kombination mit ‚Körper'-Symbolen. Dem symbolischen ‚Vehikel-Körper' entgegengestellt sind ‚Chaos', ‚Feuer', ‚Wüste', ‚Nacht' sowie alle Formen von ‚Fluten',Stürmen', ‚Gewittern' [...]. Schließlich auch alle den symbolischen ‚Boot-Körper' bedrohenden Krankheiten (‚Krebs', ‚Aids' ‚Umweltangriffe' ‚Viren').[269]

Anhand dieser Symbol-Serien kann markiert werden, wer zur eigenen ‚Wir-Gruppe' gehört und wer als fremd wahrgenommen, also als ‚Feind' eingestuft wird. Disselnkötter und Parr heben eine weitere Detailvergrößerung dieses Teilschemas hervor:

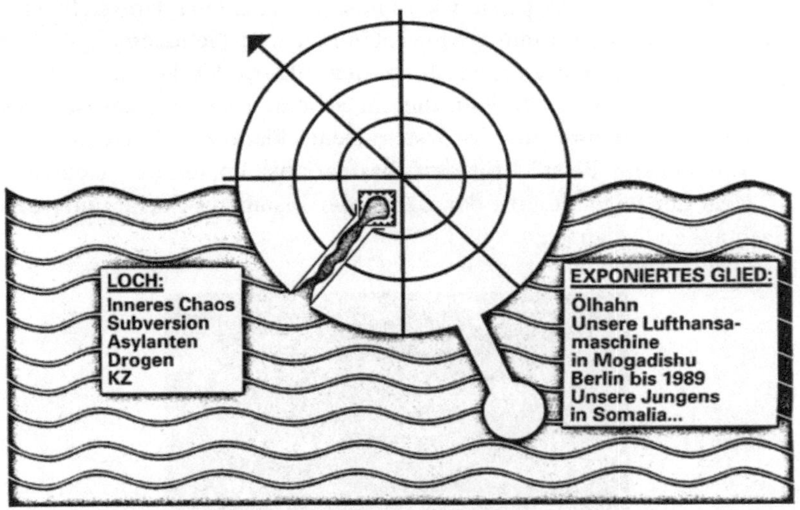

Abb. 18: Disselnkötter, Andreas; Parr, Rolf: Kollektivsymbolsystem – Didaktisch aufbereitet. [...]. S. 62.

In der Abbildung ist eine Vergrößerung der Schnittstelle zwischen „‚System' und ‚Untergrund'"[270] zu erkennen: Durch ein Loch in der Systemaußengrenze kann hier das ‚Chaos' in das eigene System eindringen.

---

269 Disselnkötter, Andreas; Parr, Rolf: Kollektivsymbolsystem – Didaktisch aufbereitet. [...]. S. 53.

270 Ebd., S. 53. Hevorh. im Original.

Wenn rechtsextreme Accounts auf Instagram die Hashtags ‚#heimatverliebt' und ‚#heimatliebe' verwenden, beziehen sie sich auf den Faszinationskomplex ‚Heimat', um ihre Propaganda zu verbreiten. Die ‚Heimat' steht für Deutschland. Durch die Verknüpfung mit dem Wort ‚Liebe' zieht dieses Bild die Kollektivsymbolik des ‚Herzens' an. Aus ihrer Selbstsicht heraus verordnen sie Deutschland als die Heimat in der Mitte des Systems, im Herzen des Schemas. Das System ‚Deutschland' stellt die Innenwelt des Schemas dar. Die Außenwelt bilden hier vor allem außereuropäische Länder. Im Sinne der eigenen Ansicht der rechten Szene gilt es das Herz des Systems, die deutsche Heimat, vor dem ‚Außen' zu ‚schützen'. Ihrer Meinung nach hat das System Deutschland ein Loch, genau wie es im dritten Schema dargestellt wird. Durch dieses Loch können Migrant*innen und Geflüchtete ‚eindringen'. Auch die AfD orientiert sich mit den Bildern der ‚Festung Europa' und ‚Festung Deutschland' an diesem Schema und wünscht sich, dieses Loch zu schließen, um das System Deutschland zu schützen.

Ein weiteres Beispiel für den Faszinationskomplex der ‚Heimatliebe' stellt der folgende Post dar, der in der Instagram-Suche unter den Hashtags zu finden ist:

deutsche.weltanschauung Schwangere Frauen sind immer schön. Sie umtreibt eine Ästhetik als auch eine Aura, welche in dieser Art nicht wieder zu finden ist. Ein Volk kann nur dann Volk sein, wenn dessen Zukunft nicht infrage gestellt wird. Wir reden so oft vom Leben — warum schenken wir es nicht?
Arbeiten wir hart an uns, sodaß eine harmonische Beziehung entsteht und besteht. Nicht nur als Abschnitt, sondern als Lebensbund.
.
.
.
#heimat #ahnen #europa #kultur #gruppe #lebensrune #sparta #fotografie #odin #wotan #german #lebensbaum #feuer #fackel #baum #leben #wirwollenleben #heimat #heimatliebe #liebe #perfekt #volk #musik #musiker #neofolk #lebensrad #glück #gemeinsam #freude #Reise #wandern

Abb. 19: deutsche.weltanschauung. Instagram.com. 24.09.2020.

Hier führt einen der Hashtag ‚#heimatliebe' zu einem Post des Accounts ‚deutsche.weltanschauung'. Das Bild zu diesem Text zeigt eine schwangere Frau mit blondem Haar vor einem Wasserfall. Es wirkt zunächst unauffällig. Schon der Text mit der mehrfachen Verwendung des Wortes ‚Volk' in Verbindung mit Hashtags wie „#odin #wotan #german"[271] und dem Hashtag ‚#heimatliebe' lässt jedoch erahnen, dass es sich hier um einen Account handelt, der rechtsextremistische Ansichten vermittelt. Ein Blick auf das Profil zeigt, dass die Posts des Accounts genau dieses Gedankengut vermitteln.[272] Die Inhalte des Profils berufen sich wiederholt auf ‚deutsche Werte' und ‚deutsche Traditionen' und ohne es direkt auszusprechen werden geschickt zwischen den Zeilen Verschwörungserzählungen zum Thema Coronavirus, Flucht und Migration oder Feminismus vermittelt. Der Account verbreitet sexistische, rassistische sowie radikal rechtsextreme Ansichten. So ist in einer Instagram-Story zu der Thematik Vergewaltigungen an Frauen durch Täter*innen mit ‚Migrationshintergrund' folgender Satz zu finden: „Es gibt nicht nur einen quantitativen, sondern vor allem auch einen qualitativen Unterschied zu den Übergriffen von deutschen Tätern. Ist das gelungene Integration?"[273] Zu solchen Auffassungen wird man in diesem sozialen Netzwerk über den Faszinationskomplex ‚Heimat' geleitet. Egger stellt fest, dass im Laufe der deutschen Geschichte der Heimatbegriff schon öfter mit politischen Zielen verknüpft wurde, die eine Hinwendung zum Nationalen bewirken wollten. Schon im Nationalsozialismus wurden unter anderem über scheinbar unpolitische Inhalte die nationalsozialistische Ideologie vermittelt. So wurde „[h]eimatliches wie Tracht, rustikale Möbel, Bräuche oder ein alpiner Baustil […] zum Instrument der Propaganda".[274]

Genau in diesem Stil wird heute auf der Plattform Instagram agiert: Durch zunächst ungefährlich und alltäglich wirkende Hashtags kann man zu Profilen von Nutzer*innen der rechtsextremen Szene geleitet werden. Oftmals führt die Plattform Nutzer*innen so von einer

271 deutsche.weltanschauung. Instagram.com. 24.09.2020. URL: https://www.instagram.com/p/CFhwiH2q2zL/?utm_source=ig_web_copy_link [zuletzt aufgerufen am 15.01.2021].

272 deutsche.weltanschauung. Instagram.com. URL: https://www.instagram.com/deutsche.weltanschauung/?hl=de [zuletzt aufgerufen am 15.01.2021].

273 deutsche.weltanschauung. Instagram.com. Highlights. URL: https://www.instagram.com/stories/highlights/17924779795061150/ [zuletzt aufgerufen am 15.01.2021].

274 Egger, Simone: Heimat. Wie wir unseren Sehnsuchtsort immer wieder neu erfinden. München: Riemann Verlag 2014. S. 55.

ursprünglich harmlosen Suche zu radikalen Botschaften, ohne dass es diesen bewusst ist. Den Besuch dieser Profile merkt sich dann wiederum der Algorithmus des sozialen Netzwerkes und schlägt in der Folge auf der ‚Vorschläge'-Seite immer mehr Profile und Inhalte in diese Richtung vor.

7. Handlungsanleitung zum Umgang mit Verschwörungsmythen und ‚Fake Facts'

Eine Methode, mit Verschwörungsmythen und ‚Fake Facts' in den sozialen Medien umzugehen, ist die ruhige und faktenbasierte Antwort. Ley erklärt, dass es nicht darum geht, den/die einzelne*n Verschwörungsideolog*in umzustimmen, sondern darum „die Flagge der Vernunft und der Fakten hochzuhalten"[275], den Menschen eine Alternative aufzuweisen, faktischen Konter zu liefern und gegen Echokammern anzuwirken.

Wichtig dafür ist vor allem eine grundlegende Aufmerksamkeit für die Sender*innen solcher Botschaften. Es gibt eine Vielzahl an Fake-Profilen, bezahlten Saboteur*innen und Bots. Liegt ein solcher Verdacht vor, ist es wichtig, die Profile der Diskussionsteilnehmenden genauer zu prüfen.[276] Nach Brodnig lassen sich Personen, die rechte Propaganda und Verschwörungsmythen verbreiten, „Trollen"[277] oder „Informationskrieger[n]"[278] zuteilen.[279] Ihnen geht es vor allem darum,

---

275 Ley, Hannes: #ichbinhier. Zusammen gegen Fake News und Hass im Netz. […]. S. 72.

276 Fake-Profile sind daran auszumachen, dass die Profilbilder oftmals sehr schnell in der Google-Bildersuche zu entdecken sind. Die Profile sind im Regelfall auffallend leer und unpersönlich. Häufig werden sie erstellt, um bestimmten Zwecken zu dienen (z.B. Online-Hetze), oder um Personen ein anonymes Verbreiten ihrer Ansichten zu ermöglichen. Social Bots sind Programme, die automatisiert Nachrichten absenden. Hier steht keine lebende Person hinter dem Profil, sondern ein digitales Konstrukt aus Programmen und Algorithmen, welches menschliches Kommunikationsverhalten imitiert. Sie sind ähnlich zu erkennen wie Fake-Profile. (Vgl. Ley, Hannes: #ichbinhier. Zusammen gegen Fake News und Hass im Netz. […]. S. 95–195).

277 Brodnig, Ingrid: Hass im Netz. Was wir gegen Hetze, Mobbing und Lügen tun können. […]. S. 59.

278 Ebd.

279 Für einen Troll fungiert ein bösartiger Kommentar oder ein Kommentar, in dem er eine Verschwörungserzählung verbreitet, als Köder: „Auf ihn sollen sich die anderen Schreiber stürzen, dabei möglichst das eigentliche Thema der Diskussion

Aufmerksamkeit zu generieren und ihre Ansichten in den Mittelpunkt zu stellen. So kommentieren sie unter anderem unter Beiträgen, die eigentlich gar nichts mit ihrem Thema zu tun haben, um hier möglichst große Diskussionen zu entfachen. Zum Umgang mit solchen Kommentaren halten Nocun und Lamberty fest, dass es bei einer öffentlichen Reaktion nicht nur darum geht, Verschwörungsgläubige zu überzeugen, sondern es viel wichtiger ist, den stillen Mitleser*innen zu zeigen, dass es sich bei der dargestellten Argumentation um eine Meinung einer Minderheit handelt. Faktenchecks sind daher primär für die stillen Mitleser*innen bestimmt.

Es gibt verschiedene Wege, mit Verschwörungsmythen, ‚Fake Facts' und Propaganda in den sozialen Medien umzugehen. Im Weiteren wird eine genaue Handlungsanleitung für den Umgang mit solchen Phänomenen für Unternehmen und für Privatpersonen aufgezeigt.

7.1 Als Unternehmen reagieren: Community Management

In jedem Unternehmen, welches Profile auf Social Media-Kanälen hat, sollte es mindestens eine*n Mitarbeiter*in geben, der/die spezifisch für das Social Media Management zuständig ist.[280] Das Social Media Management umschreibt die Tätigkeit, die Unternehmen unterstützt, in die „digitale Kommunikation mit ihren Interessengruppen einzusteigen und diese erfolgreich zu managen".[281] Ein wichtiger Teil des Social Media Managements ist das Community Management. Dies definiert Pein folgendermaßen:

> Community Management ist die Bezeichnung für alle Methoden und Tätigkeiten rund um Konzeption, Aufbau, Leitung, Betrieb, Betreuung und

vergessen und genervt bis ärgerlich reagieren, also anbeißen. Der Troll mischt sich so in eine Diskussion ein und versucht, sie völlig entgleisen zu lassen". (Ebd., S. 18–19).

280 Es gibt auch die Möglichkeit diese Tätigkeit an Agenturen auszulagern.

281 Pein, Vivian: Social Media Manager. Das Handbuch für Ausbildung und Beruf. […]. S. 27.

> Optimierung von virtuellen Gemeinschaften sowie deren Entsprechung außerhalb des virtuellen Raumes.[282]

Dabei beinhaltet das Community Management viele verschiedene Aufgaben: vom Community Building und dem Content Management, über Community Support und das Monitoring, bis hin zu Dialogmanagement und Krisenmanagement.[283]

Die Community eines Unternehmens setzt sich aus einer Gruppe von Menschen zusammen, die sich für genau dieses Unternehmen interessiert und im virtuellen Raum darüber diskutiert. Das Interesse kann dabei sowohl positiv als auch negativ sein: So gehört eine Person, die online postet, wie zufrieden sie mit dem Unternehmen ist, zu der Community. Ebenso gehört die Person, die online öffentlich eine Beschwerde äußert dazu. Wenn nun Personen vermehrt unter Beiträgen eines Unternehmens Verschwörungsmythen und ‚Fake Facts' verbreiten, gehören auch diese Menschen zu der Community des Unternehmens.

Aufgabe des/der Communitymanger*in ist es, an dieser Stelle, für das Unternehmen zu reagieren und das digitale Dialog- und Krisenmanagement zu übernehmen. Um mit politischer Propaganda und Verschwörungsideolog*innen umzugehen, die sich zum Beispiel unter einem Beitrag des Unternehmens gesammelt haben, ist Schnelligkeit und Konsequenz gefragt. Pein hält fest:

> Der Community Manager ist auch immer irgendwie ein Stück weit Kindergärtner. Die Mitglieder der Community werden ihre Grenzen austesten, Sie müssen in einem solchen Moment souverän die Regeln und die Netiquette durchsetzen.[284]

Selbst wenn Personen mittels Kollektivsymbolen abstruse Verschwörungsmythen unter einem Post eines Unternehmens verbreiten, ist es wichtig, in der Reaktion darauf empathisch und auf Augenhöhe zu reagieren. Das heißt, es ist wichtig, sich in der Reaktion an die Tonalität der sozialen Plattform anzupassen und nicht ausschließlich in der eigenen Unternehmenssprache (also einer Fach- oder Wissen-

282 Pein, Vivian: Social Media Manager. Das Handbuch für Ausbildung und Beruf. […]. S. 177.

283 Vgl. ebd., S. 178.

284 Ebd., S. 194.

schaftssprache) zu schreiben. Wenn ein Kollektivsymbol für die Popularisation solcher Ansichten verwendet wird, gilt es dieses als Community-Manager*in zu dekonstruieren und zu erläutern, welche falschen Informationen hier mit Hilfe eines Symbols vermittelt werden. Als Unternehmen gilt es, in einen Dialog zu treten und solche Beiträge nicht einfach stehen zu lassen.

In der Reaktion auf unerwünschte politische Propaganda, Verschwörungserzählungen und ‚Fake Facts' ist das Mittel des Humors sehr beliebt. Hier liegt jedoch ein schmaler Grat zwischen humorvollem Dialog und Diffamierung. Ein souveräner Umgang mit solchen Kommentaren auf dem eigenen Unternehmensprofil ist zwar wichtig, man sollte jedoch nicht versuchen, die Absender*innen solcher Kommentare bloßzustellen. Auch Ironie ist für solch einen Fall nicht das geeignete Stilmittel. Es kann dem/der Sender*in des Kommentars eher zeigen, dass man ihn/sie von oben herab behandelt und nicht ernst nimmt. Mit solchen Reaktionen werden Verschwörungsideolog*innen eher noch weiter aufgestachelt.[285] Der Dialog kann schnell ausarten und im Endeffekt dem eigenen Image schaden. Das heißt: Humor kann zwar verwendet werden, er sollte jedoch reflektiert und geschickt platziert werden.[286]

Wenn von der Community Verschwörungserzählungen und ‚Fake Facts' auf dem Profil einer Unternehmensseite verbreitet werden, die Beleidigungen, Hetze oder persönliche Angriffe beinhalten, sollte auf solche Kommentare nicht eingegangen werden. Sie können konsequent ausgeblendet oder gelöscht werden. Beim Ausblenden von Kommentaren auf Facebook[287] ist es ein Vorteil, dass der/die Sender*in des Kommentars nicht benachrichtigt wird, für ihn/sie ist der Post weiterhin sichtbar, jedoch für keine anderen Nutzer*innen, die das Unternehmens-Profil besuchen. Wenn man eine weitere Auseinandersetzung vermeiden möchte, kann dieses Vorgehen praktisch sein. Je-

285 Vgl. Ley, Hannes: #ichbinhier. Zusammen gegen Fake News und Hass im Netz. […]. S. 199.

286 Vgl. Pein, Vivian: Social Media Manager. Das Handbuch für Ausbildung und Beruf. […]. S. 194.

287 Die Funktion des Ausblendens ist in dieser Form bisher nur auf Facebook möglich. Auf Instagram besteht die Möglichkeit Kommentare zu löschen. Auf der Plattform Twitter können Kommentare zwar verborgen werden, sind jedoch auf Wunsch noch für alle Leser*innen nachzuvollziehen.

doch ist es in Fällen von Beleidigungen und Hetze, wie beispielsweise ein Kommentar, der eindeutig antisemitische Ansichten widerspiegelt, der bessere Weg, solche Kommentare direkt zu löschen. Da die Person von dieser Löschung benachrichtigt wird oder das Entfernen des Kommentars eventuell auch andere Mitglieder der Community sehen, kann die Situation auftreten, dass dem Unternehmen Zensur vorgeworfen wird. Auf solche Vorwürfe sollte sachlich reagiert werden, denn eine Zensur liegt in diesem Fall keineswegs vor. Das Unternehmen kann, auf der Basis des eigenen Wertekataloges, selbst bestimmen, was auf dem eigenen Profil stehen soll und was nicht. Es sollte in seinen Profilinformationen jedoch eine Netiquette formuliert haben, damit sich bei einer Löschung auf diese Regeln bezogen werden kann.

Hetze und Beleidigungen können außerdem strafrechtlich verfolgt werden. Hier ist es angebracht, auf den Unterschied zwischen einer Meinung und Volksverhetzung hinzuweisen. Wenn Personen durch Kommentare dieser Art auffallen, ist es der richtige Schritt, die Profile zu blockieren. Die Person hat danach keinen Zugriff mehr auf das Profil des Unternehmens und kann keine Kommentare auf der Seite des Profils hinterlassen.

Wenn jedoch eine Person in sachlichem Tonfall, ohne Beleidigungen oder Hetze, falsche Informationen oder Verschwörungserzählungen unter einem Post eines Unternehmens verbreitet, sollte das Unternehmen ebenso in sachlichem Tonfall reagieren. Ein hilfreiches Mittel sind hierbei Verweise auf Faktenchecks (wie zum Beispiel vom deutschen Recherchezentrum CORRECTIV[288] oder den dpa-Faktencheck[289]), um klar zu formulieren, dass die Ansichten des Kommentars inkorrekt sind. Wenn der/die Nutzer*in hier ein Kollektivsymbol verwendet, um eine solche Verschwörungserzählung zu veröffentlichen und auf einem Unternehmensprofil zu verbreiten, ist es sinnvoll, die hier durch die Pictura vermittelte Subscriptio noch einmal eindeutig mit aufzugreifen und auszuformulieren, um zu verdeutlichen, welche Aussage sich hinter dem Kollektivsymbol verbirgt. Auch hier ist die Reaktion eher für die stillen Mitleser*innen gedacht, als für den/die Verbreiter*in einer solchen Ansicht.

288 Vgl. Correctiv.org. URL: https://correctiv.org [zuletzt aufgerufen am 05.02.2021].

289 Vgl. dpa-Faktencheck. URL: https://www.dpa.com/de/unternehmen/faktencheck/#faktencheck-regeln [zuletzt aufgerufen am 05.02.2021].

Auch Trolle sind keine Seltenheit in der eigenen Community. Diese Personen haben keinerlei Interesse an einem Diskurs, sondern suchen Aufmerksamkeit und verdrehen oder ignorieren faktisch korrekte und schlichtende Antworten. Pein verweist hier auf die bei vielen Community Manger*innen beliebte Regelung „Don't feed the Trolls".[290] Sie erklärt, dass sich mit diesem Motto zur Abwehr von Trollen eine Kommunikationsweise bewährt habe, „die man auch als ‚Aushungern' bezeichnen könnte. Hierbei werden die trollenden Nutzer schlichtweg ignoriert".[291] In der Praxis ist jedoch festzustellen, dass dieses Vorgehen oftmals kontraproduktiv wirkt. Wenn nicht mehr auf Trolle eingegangen wird und ihre Kommentare unter dem Post eines Unternehmens bestehen bleiben, ziehen sie weitere Personen mit solchen Ansichten an. Es entsteht folglich die Gefahr der Bildung von Echokammern. Daher sollte nicht nach dieser Regelung verfahren werden, sondern, um solchen Echokammern entgegenzuwirken, sollte der/die Community Manager*in direkt auf Kommentare von Trollen eingehen, um das Gesamtbild der Kommentare für die große Zahl an stillen Mitleser*innen zu beeinflussen. Es ist auch für das Image des Unternehmens wichtig, online konkret Stellung zu beziehen und solche Kommentare nicht unkommentiert stehen zu lassen. In solchen Fällen ist es relevant, in den Dialog einzusteigen und sich als Unternehmen zu positionieren.

7.2 Als private User*innen reagieren: Counter Speech und Debunking

Auch für private Nutzer*innen der sozialen Medien gibt es verschiedene Weisen auf Verschwörungsideolog*innen zu reagieren. Dazu zählt unter anderem die Counter Speech. Ley hält fest, dass dieses Prinzip schon älter ist, in Zeiten schneller Kommunikation auf Social Media aber ganz neue Dynamiken entfalten kann – denn im Internet bleiben Worte stehen und sind dauerhaft sichtbar. Sie laden dazu ein, „sie zu kommentieren, ihnen Beifall zu schenken oder gar: sie noch zu über-

290 Pein, Vivian: Social Media Manager. Das Handbuch für Ausbildung und Beruf. [...]. S. 199.

291 Ebd.

trumpfen".[292] Aussagen können sich hier gegenseitig verstärken und es besteht somit die Gefahr, dass sie Konsequenzen mit sich führen, die über bloße Worte hinausgehen. Ley warnt: „Wo nämlich die Wortwahl drastisch wird, wo mit Gewalt gedroht wird, wird die Grenze zwischen Worten und Taten schneller überschritten."[293]

Counter Speech versucht falschen Aussagen und Hass online entgegenzuwirken. Ziel ist es, beleidigende oder aufhetzende Aussagen oder Erzählungen nicht unkommentiert im digitalen Raum stehen zu lassen – dies lässt sich insbesondere mit Argumenten und Respekt verwirklichen. Laut Ley handelt es sich hier um die Kunst respektvoll auf Respektlosigkeit zu antworten.[294]

Dies bringt einige Schwierigkeiten mit sich: Wenn man beispielsweise als Privatperson mit Counter Speech auf antisemitische Verschwörungserzählungen reagiert, ist die Angst berechtigt, plötzlich selbst das Ziel des Hasses zu werden. Demnach ist der Mut zu Counter Speech sehr wichtig. Online existieren ganze Gruppen von Menschen, die sich mit dem Ziel der Counter Speech zusammenfinden. Auf der Plattform Facebook kann man der Gruppe des Hashtags ‚#ichbinhier' beitreten. Diese von Hannes Ley gegründete Gruppe will unter Hass- und Hetzkommentaren Stellung nehmen und sich gemeinsam gegen solche Meinungen stellen. Sie sammeln Postings und wählen dann bestimmte aus, um zu diesen Aktionen durchzuführen und als Gruppe Präsenz zu einem Thema zu zeigen. So nutzt diese Gruppe den Hashtag ‚#ichbinhier', um gegen die Verbreitung von Hass mit eigenen Kommentaren zu wirken. Der Gruppe kann man als private*r User*in beitreten und so aktiv Counter Speech betreiben.

Aber auch individuell gibt es verschiedene Wege, die man einleiten kann, um sich gegen Verschwörungsideolog*innen zu positionieren:

1. Einen eigenen Kommentar abgeben und so mit der eigenen Meinung Präsenz zeigen.
2. Kommentare, die schon Counter Speech betreiben, liken und auf diese Weise Gleichdenkende unterstützen, um gemeinsam gegen Verschwörungserzählungen vorzugehen.

292 Ley, Hannes: #ichbinhier. Zusammen gegen Fake News und Hass im Netz. […]. S. 29.
293 Ebd.
294 Ebd., S. 30.

3. Postings, in denen bewusst falsche Informationen verbreitet werden, in denen Hass oder Gewalt geschürt wird, auf der jeweiligen sozialen Plattform melden.
4. Im Fall von Kommentaren, die öffentlich volksverhetzend oder beleidigend sind, Anzeige bei der Polizei erstatten.

Wer sich dazu entscheidet, online in einen Dialog zu treten, sollte jedoch am Ende keine Einigung mit dem/der Verschwörungsideolog*in erwarten. Ley hält fest, dass das Eingehen eines Dialoges ein wichtiger Schritt ist. Ebenso wichtig ist es aber, sich eigene Grenzen zu setzen: Angriffe oder Drohungen sollte man ernst nehmen und melden, Screenshots machen und bei der Polizei Anzeige erstatten.[295]

Es ist von essenzieller Bedeutung, dass Privatpersonen aktiv werden und Echokammern von Verschwörungsideolog*innen durchbrechen: Denn Echokammern erleichtern Radikalpositionen. Nutzer*innen treffen in einer Echokammer selten auf Andersdenkende und hinterfragen so die eigenen Argumente nicht. Hier ist es elementar, in den Dialog zu treten und zu verdeutlichen, dass es auch andere Ansichten gibt.

Um online zu reagieren, gibt es außerdem die Methode des Debunkings, also des Entlarvens. Dies ist eine Methode, bei der falschen Informationen Fakten entgegengesetzt werden, um diese zu entkräften.[296] Wenn man in den sozialen Medien einen Post mit Verschwörungserzählungen oder ‚Fake Fakts' entdeckt, sollte man sich zunächst fragen, welche Quelle der hier veröffentlichten Information zugrunde liegt. Wenn Links zu Online-Artikeln als Belege angeführt werden, gilt es, die Quelle zu hinterfragen und die Seriosität des Mediums kritisch zu prüfen. Darüber hinaus ist es relevant, den Kontext der Quelle zu untersuchen. Es gilt die Frage zu überprüfen, ob die Information im richtigen Kontext dargestellt wurde. Außerdem ist es von fundamentaler Bedeutung, die geteilten Erzählungen mit Experten-Aussagen abzugleichen.

Das Debunking eignet sich auch, um online Aussagen, die mit Hilfe von Kollektivsymbolen Verschwörungserzählungen verbreiten, zu

295 Vgl. Ley, Hannes: #ichbinhier. Zusammen gegen Fake News und Hass im Netz. […]. S. 25–200.

296 Vgl. Nocun, Katharina; Lamberty, Pia: Fake Facts. Wie Verschwörungstheorien unser Denken bestimmen. […]. S. 33.

begegnen: Indem man das Kollektivsymbol entschlüsselt und im eignen Kommentar darauf hinweist, welche Aussage sich hinter dem Symbol verbirgt, nimmt man der Aussage ihre Vagheit und füllt die Deutungs-Lücken für andere Mitleser*innen. Man entlarvt die eigentliche Aussage des Postings.

Ist der Post eindeutig als Verschwörungserzählung oder ‚Fake Fact' auszumachen, gilt es Verantwortung zu übernehmen. Dies erfordert den Mut der privaten Nutzer*innen. Auch Nocun und Lamberty stellen fest: „Es passiert [...] ziemlich oft, dass Menschen sich denken: Warum soll ich etwas sagen? Das kann doch jemand anderes tun."[297] Sicherlich ist jede Situation sorgfältig abzuwägen, jedoch ist es ebenso wichtig, Verantwortung zu übernehmen und Engagement zu zeigen.

Bei einem Online-Dialog können schnell Schwierigkeiten auftreten. Denn sachliches Debunking, also das argumentative Widerlegen von Verschwörungserzählungen, funktioniert nicht immer problemlos. So können wichtige Vertrauensinstanzen, wie Wissenschaft und Medien, „von den Betroffenen kurzerhand zum Teil der jeweiligen Verschwörung erklärt"[298] werden. In einer solchen Situation gilt es, auf die Reaktion des/der Anderen zu achten und die eigene Strategie gegebenenfalls anzupassen. Sonst kann es zu einem „Boomerang-Effekt"[299] kommen und der/die Betroffene glaubt nach dem digitalen Dialog umso mehr an die eigene These.

Grundsätzlich ist wahrzunehmen: Selbst, wenn das private Eingreifen die Sender*innen der Verschwörungserzählungen oder der ‚Fake Facts' nicht umstimmt, ist dieser Schritt bedeutungsvoll und immer als Erfolg zu werten. Für alle stillen Mitleser*innen wurde demonstriert, dass solche Ansichten nicht einfach hingenommen werden und im Internet nicht unkommentiert stehen bleiben. Durch das Debunking werden außerdem falsche Informationen korrigiert und stillen Mitleser*innen wird ein Weg zu faktischen und wissenschaftlich basierten Daten gewiesen.

---

297 Vgl. Nocun, Katharina; Lamberty, Pia: Fake Facts. Wie Verschwörungstheorien unser Denken bestimmen. [...]. S. 278.

298 Ebd., S. 281.

299 Ebd.

8. Die Funktion von Kollektivsymbolen in Verschwörungsmythen

Aus der Analyse geht hervor, dass Sprache in den sozialen Medien zur Verbreitung von Verschwörungsmythen und ‚Fake Facts' verwendet wird. Konkret dient die Verwendung von Kollektivsymbolen der digitalen Propaganda von Verschwörungsmythen. Dies wurde anhand von Daten der Plattformen Telegram, Twitter und Instagram genauer analysiert. Im 21. Jahrhundert bietet die Medienindustrie mit diesen sozialen Medien Plattformen an, auf denen Nutzer*innen selbstständig Inhalte erstellen und veröffentlichen können. So werden diese sozialen Medien unter anderem instrumentalisiert, um Verschwörungsmythen, ‚Fake Facts' und Propaganda zu verbreiten. Da auf den sozialen Plattformen Raum und Zeit knappe Güter sind, werden Kollektivsymbole verwendet, um mit kurzen Formulierungen wirkungsvolle Botschaften zu vermitteln.

Die vorliegende Studie zeigt, dass auf der Plattform Telegram mit Hilfe von sprachlichen Mitteln das Charakterbild der ‚bösen Verschwörer*innen' manifestiert wird: Viele Verschwörungsmythen zeichnen das Bild von ‚denen da oben', die einen geheimen Plan verfolgen und die etwas vermeintlich Böses planen. Die Personalisierungen machen dabei das abstrakte Geschehen ‚Pandemie' greifbarer. Gleichzeitig wird jedoch nicht klar definiert, wer genau gemeint ist. Diese Vagheit von Anschuldigungen und Aussagen macht sich unter anderem Attila Hildmann zu eigen, da sie den Leser*innen erlaubt, ihre eigenen Ängste in die Leerstellen hinein zu projizieren.

Auf Kanälen, wie dem von Hildmann, bilden sich schnell Echokammern von Verschwörungsideolog*innen. Auf diese Weise entsteht eine Teilöffentlichkeit, die durch seine Propaganda beeinflusst wird. Diese Teilöffentlichkeit geht davon aus, eine Wahrheit zu erkennen, die der Rest der Bevölkerung nicht wahrnimmt.

Welche Funktionen Kollektivsymbole bei der Verbreitung von solchen Verschwörungserzählungen haben, zeigt das von Hildmann verwendete Kollektivsymbol des ‚Schlafschafes' und das Kollektivsymbol des ‚Kartenhauses', welches Verwendung in konspirationistischen Kreisen findet. Es wird zum Beispiel vom deutschen Schlagersänger Michael Wendler und dem Telegram-Kanal ‚Corona_Fakten' über die Plattform verbreitet. Die Kollektivsymbole werden hier auf einem sozialen Netzwerk eingesetzt, um Falschinformationen und konkrete Verschwörungserzählungen in kurzen Beiträgen schnell verständlich zu machen und an Abonnent*innen zu verbreiten. Es zeigt sich, dass sie wohldurchdacht verwendet werden. Ihre zwei Ebenen der Pictura und der Subscriptio müssen von den Leser*innen zunächst interpretiert werden, um verstanden zu werden. Dabei sind die Kollektivsymbole polysem. Diese Komplexität macht es besonders schwierig, Gegenargumente zu Aussagen, die Kollektivsymbole beinhalten, zu finden. Auch diese Eigenschaft nutzen Verbreiter*innen von Verschwörungserzählungen und ‚Fake Facts' für ihre Zwecke.

Nutzer*innen der Plattform Twitter verwenden Kollektivsymbole häufig, um politische Botschaften gezielt zu lancieren. Auf diese Weise wird das Kollektivsymbol der ‚Marionette' von Donald Trump mehrfach eingesetzt, um anhand eines einfach verständlichen Bildes konkrete ‚Fake Facts' und Verschwörungsmythen zu verbreiten. Trumps Ziel dabei ist es, seine politischen Gegenspieler*innen durch die Verwendung eines Kollektivsymbols, dessen historischer Hintergrund eindeutig antisemitischer Natur ist, herabzusetzen und sich selbst als die Person zu präsentieren, die das Wirken dieser für die Bevölkerung offenlegt. Das Medium Twitter dient der schnellen Massenverbreitung solcher Aussagen. Die Analyse der von Trump verwendeten Kollektivsymbolik zeigt auf, dass soziale Medien zu einer weiten Verbreitung kulturspezifischer Kollektivsymbole über Ländergrenzen hinweg beitragen.

Die Kollektivsymbole Klima-‚Hysterie' und Klima-‚Kirche' finden vor allem in der Szene der ‚Klimaleugner*innen' Verwendung. So nutzt AfD-Politikern Alice Weidel in einem Tweet den Hashtag ‚#Klimahysterie' und ihr Kollege und ehemaliges AfD Mitglied Frank Pasemann teilt auf Twitter einen Beitrag, in dem er den Hashtag ‚#Klimakirche' verwendet. Sie verwenden die Kollektivsymboliken als digitale

Hashtags, um anschaulich Verschwörungserzählungen zu etablieren. Auch Weidel zeichnet mit ihrem Tweet ein bestimmtes Charakterbild der ‚bösen Verschwörer*innen' auf, indem sie implizit darauf verweist, dass ‚die da oben' eine Verschwörung gegen ‚uns hier unten' planen. Die Kollektivsymbole haben hier einerseits die Funktion, auf der Plattform Twitter das Bild einer großen Klimaverschwörung zu zeichnen und andererseits eine Identifikationsfunktion inne: Denn beide Politiker*innen geben sich durch die Verwendung der Kollektivsymbole als Hashtags auf Twitter einer politischen Gruppe zugehörig zu erkennen und grenzen sich gleichzeitig von anderen ab. Die AfD nutzt so dieses soziale Medium, um mit den Kollektivsymbolen der Klima-‚Hysterie' und der Klima-‚Kirche' Verschwörungserzählungen eingängig und schnell in der Bevölkerung zu streuen. Außerdem bietet sie Verschwörungsideolog*innen unter ihren Tweets eine Plattform für die Bildung von Echokammern.

Auf der Plattform Instagram wurde erforscht, auf welche Weise rechte Propaganda auf diesem sozialen Medium verbreitet wird. Anhand eines Beitrages der Jungen Alternative Deutschland, in welchem eine ‚Festung Europa', statt ‚offene Grenzen' gefordert wird, verdeutlicht die Studie, dass Kollektivsymbolen online die Funktion zukommen kann, politische Ziele leicht verständlich zu vermitteln. Das Kollektivsymbol der ‚Festung Europa' wird verwendet, um eine Verschwörungserzählung der extremen Rechten zu propagieren: Der Bezug des Beitrages zu dem Verschwörungsglauben an eine ‚Islamisierung' Europas und die Erzählung eines ‚großen Austausches' lässt sich eindeutig ausmachen. Hier wird durch Sprache eine Verschwörung skizziert. Die verwendete Pictura der europäischen ‚Festung' ist dabei ein bereits historisch verankertes Symbol. Anhand dieses Kollektivsymbols vermittelt die Junge Alternative auf versteckte Weise eine Verschwörungserzählung und ‚Fake Facts'.

Die Studie verdeutlich darüber hinaus, dass die rechte Szene Strategien entwickelt hat, wie sie mit harmlosen Bildern und Hashtags, wie ‚#heimatliebe' auf Instagram Aufmerksamkeit auf sich ziehen kann, um radikale Inhalte breit zu streuen. Die Analyse der Hashtags ‚#heimatliebe' und ‚#heimatverliebt' ergibt, dass diese Szene über einen harmlosen Eindruck und ästhetisch ansprechende Bilder auf Instagram radikale Ansichten, Verschwörungsmythen und ‚Fake Facts' verbreitet. Die Hashtags sind symbolische Schlagwörter. Sie sind in diesem Fall nicht dem Feld der Kollektivsymbole zuzuordnen. Die Inhalte, die unter diesen Hashtags zu finden sind, können aber dem Faszinationskomplex ‚Heimat' zugeschrieben werden. Der sich daraus wiederum ergebende Faszinationskomplex der ‚Heimatliebe' zieht seinerseits Herzsymboliken an. Anhand dieser wird eine Innen-Außen-Dichotomie vermittelt: Deutschland im Innen liegend steht eine Außenwelt gegenüber, die vor allem außereuropäische Länder bilden. Im Sinne der eigenen Ansicht der rechten Szene gilt es, die deutsche Heimat, vor dem ‚Außen' und somit möglichen Eindringlingen zu schützen. Der Forschungsbeitrag zeigt mit aktuellen Beispielen, wie Kollektivsymbole durch die sozialen Medien wirksam werden können und zur öffentlichen Verbreitung von genau solchen rassistischen und rechtsextremen Verschwörungsmythen und Falschinformationen beitragen können.

Die Analyse ergibt, dass sich Kollektivsymbole besonders für die Verwendung auf Social Media eignen. Die Nutzer*innen haben nur eine bestimmte Anzahl an Zeichen zu Verfügung und wollen schnell, ohne lange Erklärungen, ihre Botschaften vermitteln. Als interdiskursive Brückenschläge werden Kollektivsymbole, die Alltagsbezüge und einfache Bildlichkeiten innehaben, angewendet, um unkompliziert vage Behauptungen aufzustellen, Falschmeldungen zu untermauern und Verschwörungserzählungen zu etablieren. Kollektivsymbole verleihen den Sender*innen einen Grad an Autorität. Aussagen, die online durch diese Kollektivsymbole vermittelt werden, werden nicht hinterfragt und als allgemeingültig angenommen. Sie weisen die Verantwortung für das Verstehen des Gemeinten den Rezipient*innen zu, die sich mit ihren Deutungen zu bekennen haben. Verschwörungsideolog*innen nutzen Sprache zielgerichtet, um ihre Propaganda digital zu verbreiten.

Auf der Basis der Untersuchung von digitalen Verschwörungsmythen auf Social Media-Plattformen formuliert dieser Forschungsbeitrag außerdem eine praktische Handlungsanleitung zum Umgang mit Verschwörungsmythen und ‚Fake Facts'. Durch die genaue Analyse des Community Managements wird eine konkrete Arbeitsweise für Unternehmen vorgestellt, die sich eignet um Verschwörungsmythen und ‚Fake Facts' online zu begegnen. Gleichzeitig werden für die Reaktionsweisen privater Nutzer*innen auf diese Phänomene die Möglichkeiten der Counter Speech und des Debunkings behandelt. Die

Studie zeigt auf, dass es in beiden Fällen wichtig ist aktiv auf solche Phänomene zu reagieren und Filterblasen entgegenzuwirken.

In Bezug auf einen Forschungsausblick lässt sich feststellen, dass der Fokus dieser Arbeit speziell auf den hier analysierten drei Plattformen Telegram, Instagram und Twitter liegt, da diese für die vorliegende Fragestellung eine hohe Datenbasis bieten. Interessant wäre außerdem eine weiterführende Untersuchung von der Verbreitung von Verschwörungsmythen auf sozialen Medien wie Facebook, TikTok[300] oder Clubhouse[301]. Da soziale Medien dynamisch sind, entstehen hier stetig neue Plattformen, die auf die Verwendung von Kollektivsymbolen untersucht werden könnten. Die Handlungsanleitungen am Ende der Studie bilden einen praktischen Ausblick für Unternehmen und private Nutzer*innen auf Social Media. Hier würde sich eine darauf aufbauende Forschung anbieten, die anhand realer Beispiele aufzeigt, wie derzeit in Unternehmen verschiedener Branchen auf spezifischen Social Media-Plattformen auf Verschwörungsideolog*innen in der Community eingegangen wird.

300 TikTok ist ein soziales Netzwerk, welches vorrangig als Video-Plattform fungiert. (Vgl. TikTok.com. URL: https://www.tiktok.com [zuletzt aufgerufen am 25.02.2021]).

301 Clubhouse ist eine Audio-only-App, bei der Gesprächen wie bei einem Live-Podcast zugehört werden kann. Es besteht auch die Möglichkeit, aktiv in die Diskussionen einzusteigen. Im Jahr 2021 entstand ein regelrechter Hype um dieses soziale Medium. (Vgl. t3n.de: Hype um Clubhouse: Was ist diese Social-App eigentlich und wo bleibt meine Einladung? 04.02.2021. URL: https://t3n.de/news/hype-um-clubhouse-diese-1349947/ [zuletzt aufgerufen am 26.02.2021]).

9. Literaturverzeichnis

Sekundärliteratur

Alban, Werner: Was ist, was will, wie wirkt die AfD? Köln [u.a.]: Neuer ISP Verlag 2015.

Andreas, Michael: „Offen" und „Frei". Über zwei Programme sozialer Medien. In: Baxmann, Inge; Beyes, Timon; Pias, Claus [Hrsg.]: Soziale Medien – Neue Massen. Medienwissenschaftliche Symposien der DFG. Zürich, Berlin: diaphanes 2014. S. 151–166.

Angenendt, Vanessa: Von »Denkmal der Schande« bis »Vogelschiss«. Der Symbolgebrauch der AFD. In: kuluRRevolution: Zeitschrift für angewandte Diskurstheorie. Essen: Klartext Verlag 2019. Nr. 77/78. S. 109–115.

Bernard, Andreas: Das Diktat des #hashtags. Über ein Prinzip der aktuellen Debattenbildung. Frankfurt am Main: Fischer Verlag 2018.

Borsò, Vittoria; Liermann, Christiane; Merziger, Patrick: Transfigurationen des Politischen. Von Propaganda-Studien zu Interaktionsmodellen der Medienkommunikation – eine Einleitung. In: Borsò, Vittoria; Liermann, Christiane; Merziger, Patrick [Hrsg.]: Die Macht des Populären. Politik und populäre Kultur im 20. Jahrhundert. Bielefeld: transcript Verlag 2010.

Breidbach, Jessica; Neubner, Thomas; Tateo, Ivo: Orientalismus als Element des medialen Diskurses über „Parallelgesellschaften". Kollektivsymbolvermittelte Feindbildkonstruktionen in Karikaturen. In: Köster, Werner [Hrsg.]: Parallelgesellschaften. Diskursanalysen zur Dramatisierung von Migration. Beiträge studentischen Forschens. Essen: Klartext Verlag 2009. S. 119–131.

Brings-Wiesen, Tobias: Das Phänomen der „Online Hate Speech" aus juristischer Perspektive. In: Kasper, Kai; Gräßer, Lars; Riffi, Aycha [Hrsg.]: Online Hate Speech. Perspektiven auf eine neue Form des Hasses. Schriftenreihe zur digitalen Gesellschaft NRW. Band 4. Düsseldorf [u.a.]: Kopaed Verlag 2017.S. 35–50.

Brodnig, Ingrid: Hass im Netz. Was wir gegen Hetze, Mobbing und Lügen tun können. Wien: Christian Brandstätter Verlag 2016.

Bussemer, Thymian: Propaganda. Konzepte und Theorien. Mit einführendem Vorwort von Peter Glotz. 2., überarbeitete Auflage. Wiesbaden: VS Verlag für Sozial-wissenschaften 2008.

Butter, Michael: »Nichts ist wie es scheint«. Über Verschwörungstheorien. 2. Auflage. Berlin: Suhrkamp Verlag 2018.

Bücker, Sinah; Schade, Sarah Maria; Wiegerling, Ulrike: Die AfD. Woher sie kommt, wie sie funktioniert, wer sie unterstützt. In: Walther, Eva; Isemann, Simon D. [Hrsg.]: Die AfD – psychologisch betrachtet. Wiesbaden: Springer Fachmedien 2019. S. 27–56.

Crome, Erhard: AFD Eine Alternative? Berlin: Spotless im Verlag Das Neue Berlin 2015.

Dang-Anh, Mark; Einspänner, Jessica; Thimm, Caja: Kontextualisierung durch Hashtags. Die Mediatisierung des politischen Sprachgebrauchs im Internet. In: Diekmannshenke, Hajo; Niehr, Thomas [Hrsg.]: Öffentliche Wörter. Analysen zum öffentlich-medialen Sprachgebrauch (Perspektiven germanistischer Linguistik 9). Stuttgart: Ibidem-Verlag 2013. S. 137–159.

Davis, Dorian Hunter; Sinnreich, Aram: Tweet the Press: Effects of Donald Trump's „Fake News!" Epithet on Civics and Popular Culture. In: Lockhart, Michele [Hrsg.]: President Donald Trump and his political discourse. Ramifactations of rhetoric via Twitter. Abingdon, New York: Routledge 2019. S. 149–169.

Disselnkötter, Andreas; Parr, Rolf: Kollektivsymbolsystem – Didaktisch aufbereitet. In: kuluRRevolution: Zeitschrift für angewandte Diskurstheorie. Essen: Klartext Verlag 1994. Nr. 30. S. 52–65.

Egger, Simone: Heimat. Wie wir unseren Sehnsuchtsort immer wieder neu erfinden. München: Riemann Verlag 2014.

Ernst, Thomas: Der Leser als Produzent in Sozialen Medien. In: Parr, Rolf; Honold, Alexander [Hrsg.]: Grundthemen der Literaturwissenschaft. Lesen. Berlin, Boston: De Gruyter Verlag 2018. S. 490–506.

Fleischer, Michael: Kulturtheorie. Systemtheoretische und evolutionäre Grundlagen. 2., unveränderte Auflage (Beiträge zur Kulturwissenschaft 5). Oberhausen: Athena 2006.

Gellner, Winand; Strohmeier, Gerd: Parteien in Internet-Wahlkämpfen. In: Aleman, Ulrich von; Marschall, Stefan [Hrsg.]: Parteien in der Mediendemokratie. Wies-baden: Westdeutscher Verlag 2002. S. 189–209.

Greve, Sophie: »Our house is on fire«. Greta Thunberg etabliert ein wirkungsmächtiges Kollektivsymbol. In: kuluRRevolution: Zeitschrift für angewandte Diskurstheorie. Essen: Klartext Verlag 2019. Nr. 77/78. S. 116–122.

Gümüşay, Kübra: Sprache und Sein. München: Carl Hanser Verlag 2020.

Heim, Tino: Von statistischen Lügen und gefühlten Wahrheiten. Politik zwischen empirischen Objektivitätsbehauptungen und ‚Postfaktizität'. In: kuluRRevolution: Zeitschrift für angewandte Diskurstheorie. Essen: Klartext Verlag 2019. Nr. 77/78. S. 45–57.

Hollasky, Steve; Ludwig, Claus; Stanišic, Sascha: Brandstifter. AfD. Pegida. Islamhass. Analysen & Gegenstrategien. 2. Auflage. Berlin: Manifest Verlag 2017.

Homann, Andreas: Eis. Kulturwissenschaftliche Erkundungen von der frühen Neuzeit bis heute. München: Wilhelm Fink Verlag 2017.

Jäger, Margarete; Jäger, Siegfried: Deutungskämpfe. Theorie und Praxis kritischer Diskursanalyse. 1. Auflage. Wiesbaden: VS Verlag für Sozialwissenschaften 2007.

Kneuer, Marianne; Richter, Saskia: Soziale Medien in Protestbewegungen. Neue Wege für Diskurs, Organisation und Empörung? Frankfurt am Main: Campus Verlag 2015.

Korngiebel, Wilfried; Kühmel, Bernhard; Slobodzian, Susanne: Europäische Identität – Synchrones System kollektiver Symbole in Zeiten der Krise. Applikationen für Weiterbildung und Unterricht. In: kuluRRevolution: Zeitschrift für angewandte Diskurstheorie. Essen: Klartext Verlag 2019. Nr. 76. S. 55–63.

Kurz, Gerhard: Metapher, Allegorie, Symbol. 6. Auflage. Kleine Reihe V&R. Vandenhoeck und Ruprecht GmbH 2009.

Leggewie, Claus: Netzwerkparteien? Parteien in der digitalen Öffentlichkeit. In: Aleman, Ulrich von; Marschall, Stefan [Hrsg.]: Parteien in der Mediendemokratie. Wiesbaden: Westdeutscher Verlag 2002. S. 173–188.

Ley, Hannes: #ichbinhier. Zusammen gegen Fake News und Hass im Netz. Köln: DuMont Buchverlag 2018.

Link, Jürgen; Link-Heer, Ursula: Diskurs/Interdiskurs und Literaturanalyse. In: Zeitschrift für Literaturwissenschaft und Linguistik: LiLi. Eine Zeitschrift der Universität Siegen. Nr. 77. Stuttgart: Metzler 1990. S. 88 – 99.

Link, Jürgen: Konturen medialer Kollektivsymbolik in der BRD und in den USA. In: Grzybek, Peter [Hrsg.]: Cultural Semiotics: Facts and Faces. Bochumer Beiträge zur Semiotik. Bochum: Brockmeyer 1991. S. 95–135.

Link, Jürgen: Literaturwissenschaftliche Grundbegriffe. 6. Auflage. München: Wilhelm Fink Verlag 1997.

Link, Jürgen: Zur Frage, was eine kulturwissenschaftliche Orientierung der Literaturdidaktik »bringen« könnte. In: kuluRRevolution: Zeitschrift für angewandte Diskurstheorie. Nr. 45/46. Essen: Klartext Verlag 2003. S. 60–66.

Maletzke, Gerhard: Bausteine zur Kommunikationswissenschaft. 1949–1948. Ausgewählte Aufsätze zu Problemen, Begriffen, Perspektiven. Berlin: Wissenschaftsverlag Volker Springer 1984.

Nocun, Katharina; Lamberty, Pia: Fake Facts. Wie Verschwörungstheorien unser Denken bestimmen. Köln: Bastei Lübbe AG 2020.

Pandel, Hans-Jürgen: Karikaturen. Gezeichnete Kommentare und visuelle Leitartikel. In: Pandel, Hans-Jürgen; Schneider, Gerhard [Hrsg.]: Handbuch Medien im Geschichtsunterricht. 5. Auflage. Schwalbach: Wochenschau Verlag 2010. S. 269–287.

Parr, Rolf: „Was ist des deutschen Vaterhaus?“ – Kleines Belegstellenarchiv zum ‚gemeinsamen europäischen Haus‘. In: kuluRRevolution: Zeitschrift für angewandte Diskurstheorie. Essen: Klartext Verlag 1990. Nr. 23. S. 74–79.

Parr, Rolf; Reinecke, Siegfried: Faszinationsenergie. Zur symbolischen Realität im neuen Deutschland. In: medium. Zeitschrift für Hörfunk, Fernsehen, Film, Presse. Nr. 22. Frankfurt a.M.: Gemeinschaftswerk der Evangelischen Publizistik. Berlin: VISTAS 1992. S. 6–9.

Parr, Rolf: „Gürtel enger schnallen" – Ein Kollektivsymbol der neuen deutschen Normalität. In: kuluRRevolution: Zeitschrift für angewandte Diskurstheorie. Essen: Klartext Verlag 1998. Nr. 37. S. 65–73.

Parr, Rolf: Kompetenz: Multi-Interdiskursivität. In: Heimböckel, Dieter [Hrsg.]: Zwischen Provokation und Usurpation: Interkulturalität als (un-)vollendetes Projekt der Literatur- und Sprachwissenschaften. München [u.a.]: Fink 2010. S. 87–100.

Parr, Rolf: Medialität und Interdiskursivität. In: Mein, Georg; Sieburg, Heinz [Hrsg.]: Medien des Wissens. Interdisziplinäre Aspekt von Medialität. Bielefeld: transcript Verlag 2011. S. 23–43.

Pein, Vivian: Social Media Manager. Das Handbuch für Ausbildung und Beruf. Bonn: Rheinwerk Verlag. 4. Aktualisierte Auflage. 2020.

Popper, Karl R.: Die offene Gesellschaft und ihre Feinde II. Falsche Propheten. Hegel, Marx und die Folgen. 4. Auflage. München: Francke Verlag 1975.

Reissen-Kosch, Jana: Wörter und Werte – Wie die rechtsextreme Szene im Netz um Zustimmung wirbt. In: Diekmannshenke, Hajo; Niehr, Thomas [Hrsg.]: Öffentliche Wörter. Analysen zum öffentlich-medialen Sprachgebrauch. Stuttgart: ibidem-Verlag 2013. S. 95–112.

Sandgruber, Roman: Die Rothschilds: Glanz und Untergang des Wiener Welthauses. Wien: Molden Verlag 2018.

Schäfer, Mirko Tobias: Instabile (Gegen-)Öffentlichkeiten. Online-Plattformen als hybride Foren gesellschaftlicher Debatten. In: Baxmann, Inge; Beyes, Timon; Pias, Claus [Hrsg.]: Soziale Medien – Neue Massen. Medienwissenschaftliche Symposien der DFG. Zürich, Berlin: diaphanes 2014. S. 281–300.

Sclafani, Jennifer: Talking Donald Trump. A Sociolinguistic Study of Style, Metadiscourse, and Political Identity. Abingdon, New York: Routledge 2018.

Scheuerer, Jürgen: Karikaturen und Kontext (1878–2015). Berlin: Pro BUSINESS 2016.

Schudy, Fabian: Form und Funktion von Hashtags in sozialen Netzwerken: Linguistische Analysen (Schlaglichter 3). Marburg: Büchner-Verlag 2019.

Seidler, John David: Die Verschwörung der Massenmedien. Eine Kulturgeschichte vom Buchhändler-Komplott bis zur Lügenpresse. Bielefeld: transcript Verlag 2016.

Simon, Nicole; Bernhardt, Nikolaus: Twitter. Mit 140 Zeichen zum Web 2.0. München: Open Source Press. 2008

Tennert, Falk: Jugendbewegungen im Netz. Digitale Kommunikationsstrategien der „Identitären Bewegung". In: Bigl, Benjamin [Hrsg.]: Transfer Plus – Aktuelle Beiträge zur Medienbildung. Band 1. Torgau: Landkreis Nordsachsen. 2020.

Thunberg. Greta: Ich will, dass ihr in Panik geratet! Meine Reden zum Klimaschutz. Frankfurt am Main: Fischer Taschenbuchverlag 2019.

von der Goltz, Anna: Die Macht des Hindenburgmythos. Politik, Propaganda und Popularitäten im ersten Weltkrieg. In: Borsò, Vittoria; Liermann, Christiane; Merziger, Patrick [Hrsg.]: Die Macht des Populären. Politik und populäre Kultur im 20. Jahrhundert. Bielefeld: transcript Verlag 2010. S. 31–56.

Warnke, Martin: Datenbanken als Zitadellen des Web 2.0. In: Baxmann, Inge; Beyes, Timon; Pias, Claus [Hrsg.]: Soziale Medien – Neue Massen. Medienwissenschaftliche Symposien der DFG. Zürich, Berlin: diaphanes 2014. S. 135–150.

Internetquellen

Alternative für Deutschland: Programm für Deutschland. Das Grundsatzprogramm der Alternative für Deutschland. Beschlossen auf dem Bundesparteitag in Stuttgart am 30.04./01.05.2016 Afd.de. S. 92. URL: https://www.afd.de/grundsatzprogramm/#langversion [zuletzt aufgerufen am 09.01.2021].

ARD/ZDF-Onlinestudie: Nutzung von Social Media/ WhatsApp 2020. URL: https://www.ard-zdf-onlinestudie.de/social-mediawhatsapp/ [zuletzt aufgerufen am 03.01.2021].

Beuth, Patrick: Weg von WhatsApp – Aber wohin? Zeit.de. 20.02.2014. URL: https://www.zeit.de/digital/mobil/2014-02/threema-telegram-surespot-chatsecure-vergleich/seite-4 [zuletzt aufgerufen am 23.12.2020].

BR Fernsehen: „Schlafschafe“ gegen „Aluhüte“? Wie Verschwörungsglaube Familien spaltet. Br.de. 24.09.2020. URL: https://www.br.de/mediathek/video/schlafschafe-gegen-aluhuete-wie-verschwoerungsglaube-familien-spaltet-av:5f6d0825be4c3001b7e8562 [zuletzt aufgerufen am 30.12.2020].

Bundesregierung.de: Coronavirus. Informationen über das Virus. URL: https://www.bundesregierung.de/breg-de/themen/coronavirus/informationen-zum-coronavirus-1734932 [zuletzt aufgerufen am 31.03.2021].

Correctiv.org. URL: https://correctiv.org [zuletzt aufgerufen am 05.02.2021].

Corona Fakten. Telegram.org. URL: https://t.me/Corona_Fakten [zuletzt aufgerufen am 16.07.2021].

deutsche.weltanschauung. Instagram.com. URL: https://www.instagram.com/deutsche.weltanschauung/?hl=de [zuletzt aufgerufen am 15.01.2021].

deutsche.weltanschauung. Instagram.com. Highlights. URL: https://www.instagram.com/stories/highlights/17924779795061150/ [zuletzt aufgerufen am 15.01.2021].

dpa-Faktencheck. URL: https://www.dpa.com/de/unternehmen/faktencheck/#faktencheck-regeln [zuletzt aufgerufen am 05.02.2021].

DWDS – Digitales Wörterbuch der deutschen Sprache. Berlin-Brandenburgischen Akademie der Wissenschaften [Hrsg.]. URL: https://www.dwds.de/wb/hysterisch [zuletzt aufgerufen am 25.01.2021].

DWDS – Digitales Wörterbuch der deutschen Sprache. Berlin-Brandenburgischen Akademie der Wissenschaften [Hrsg.]. URL: https://www.dwds.de/wb/Kartenhaus [zuletzt aufgerufen am 02.01.2021].

Echtermann, Alice; Steinberg, Arne; Diaz, Celsa; Kommerell, Clemens, Eckert, Till: Wie tausende Rechte Instagrams Schwachstellen ausnutzen. In: Echtermann, Alice; Steinberg, Arne; Diaz, Celsa; Kommerell, Clemens, Eckert, Till: Kein Filter für Rechts. Wie die rechte Szene Instagram benutzt, um junge Menschen zu rekrutieren. Correctiv.org. 07. Oktober 2020. URL: https://correctiv.org/top-stories/2020/10/06/kein-filter-fuer-rechts-instagram-rechtsextremismus-frauen-der-rechten-szene/ [zuletzt aufgerufen am 17.12.2020].

Echtermann, Alice; Steinberg, Arne; Diaz, Celsa; Kommerell, Clemens, Eckert, Till: Die Hashtags, Emojis und Codes der rechten Szene auf Instagram. In: Echtermann, Alice; Steinberg, Arne; Diaz, Celsa; Kommerell, Clemens, Eckert, Till: Kein Filter für Rechts. Wie die rechte Szene Instagram benutzt, um junge Menschen zu rekrutieren. Correctiv.org. 12. Oktober 2020. URL: https://correctiv.org/top-stories/2020/10/12/kein-filter-fuer-rechts-instagram-rechtsextremismus-kommunikation-hashtags-emojis-codes/#hashtag [zuletzt aufgerufen am 17.12.2020].

Gauland, Alexander. Afd.de. Berlin. 05.04.2017. URL: https://www.afd.de/alexander-gauland-erschreckende-zahlen-der-bevoelkerungsaustausch-laeuft/ [zuletzt geöffnet am 11.01.2020].

Hildmann, Attila. Telegram.org. URL: https://t.me/s/ATTILAHILDMANN [zuletzt aufgerufen am 16.04.2021].

Höcke, Björn: Rede in Dresden. Tagesspiegel.de. 19.01.2017. URL: https://www.tagesspiegel.de/politik/hoecke- rede-im-wortlaut-gemuetszustand-eines-total-besiegten-volkes/19273518.html [zuletzt aufgerufen am 07.01.2021].

Hövermann, Andreas: Corona-Zweifel, Unzufriedenheit und Verschwörungsmythen. Erkenntnisse aus zwei Wellen der HBS-Erwerbspersonenbefragung 2020 zu Einstellungen zur Pandemie und den politischen Schutzmaßnahmen. Policy Brief WSI. Nr. 48. Hans-Böckler-Stiftung. Oktober 2020. URL: https://www.wsi.de/download-proxy-for-faust/download-pdf?url=http%3A%2F%2F217.89.182.78%3A451%2Fabfrage_digi.fau%2Fp_wsi_pb_48_2020.pdf%3Fprj%3Dhbs-abfrage%26ab_dm%3D1%26ab_zeig%3D9116%26ab_diginr%3D8483 [zuletzt aufgerufen am 03.01.2021].

Instagram.com. URL: https://www.instagram.com/maariaaaaa_b/ [zuletzt aufgerufen am 11.06.2021]

Junge Alternative. Instagram.com. URL: https://www.instagram.com/junge_alternative_deutschland/ [zuletzt aufgerufen am 16.07.2021].

Klein, Oliver: Nach Trump-Eklat bei Twitter: Wie soziale Netzwerke gegen Fake News kämpfen. ZDF.de. 27.05.2020. URL: https://www.zdf.de/nachrichten/digitales/facebook-twitter-faktencheck-100.html [zuletzt aufgerufen am 20.12.2020].

Kühl, Eike: Angriff auf das Kapitol. Sie hatten es angekündigt. ZEIT.de. 07.01.2021. URL: https://www.zeit.de/digital/internet/2021-01/angriff-kapitol-washington-demokratie-rechtsextremismus [zuletzt aufgerufen am 22.01.2021].

Mansholt, Malte: Gesperrt bei Telegram: Attila Hildmann verliert seine letzte große Bühne. stern.de. 09.06.2021. URL: https://www.stern.de/digital/online/gesperrt-bei-telegram--attila-hildmann-verliert-seine-letzte-buehne-30563900.html [zuletzt aufgerufen am 16.07.2021].

Nastarowitz, Konstanze: „Die Debatte über das Klima hat etwas Religiöses". Welt.de. 12.10.2017. URL: https://www.welt.de/vermischtes/article169564515/Die-Debatte-ueber-das-Klima-hat-etwas-Religioeses.html [zuletzt aufgerufen am 25.02.2021].

Pixabay.com. URL: https://pixabay.com/de/photos/köln-deutzer-brücke-brücke-nacht-2117259/ [zuletzt aufgerufen am 22.02.2021].

Richter, Steffen: Corona. Staatsanwaltschaft Berlin übernimmt Ermittlungen gegen Attila Hildmann. ZEIT.de. 19.11.2020. URL: https://www.zeit.de/gesellschaft/zeitgeschehen/2020-11/attila-hildmann-ermittlungen-berliner-justiz-corona-verschwoerungsideologe-hasskriminalitaet-wohnungsdurchsuchung [zuletzt aufgerufen am 23.12.2020].

Roth, Phillip: Offizielle Nutzerzahlen: Instagram in Deutschland und Weltweit. Allfacebook.de. 06.10.2020. URL: https://allfacebook.de/instagram/instagram-nutzer-deutschland [zuletzt aufgerufen am 03.01.2021].

Schuler, Marcus: 10 Jahre nach dem Start. Wie Instagram zur Internet-Großmacht wurde. Tagesschau.de. 06.10.2020. URL: https://www.tagesschau.de/wirtschaft/instagram-125.html [zuletzt geöffnet am 03.01.2021].

Sterz, Christoph: Messenger-Dienst Telegram. Schlechter als sein Ruf. Deutschlandfunk.de. 25.11.2020. URL: https://www.deutschlandfunk.de/messenger-dienst-telegram-schlechter-als-sein-ruf.2907.de.html?dram:article_id=488116 [zuletzt aufgerufen am 02.02.2021].

Spiegel.de: Instagram sperrt Account von Schlagerstar Michael Wendler. 11.02.2021. URL: https://www.spiegel.de/netzwelt/apps/schlagersaenger-michael-wendler-instagram-sperrt-account-a-a11c77c0-b83e-4095-9894-237c1bad2cfc [zuletzt aufgerufen am 06.03.2021].

Tagesschau.de. 29.10.2020. URL: https://www.tagesschau.de/inland/messenger-109.html [zuletzt aufgerufen am 23.12.2020].

Telegram.org. URL: https://telegram.org [zuletzt aufgerufen am 23.12.2020].

Telegram.org. URL: https://telegram.org/faq [zuletzt aufgerufen am 23.12.2020]

Thunberg, Greta. Davos. 25.01.2019. FridaysForFuture.org. URL: https://www.fridaysforfuture.org/greta-speeches#greta_speech_jan25_2019 (Zuletzt aufgerufen am 23.12.2020).

TikTok.com. URL: https://www.tiktok.com [zuletzt aufgerufen am 25.02.2021]).

Twitter.com: Investor Fact Sheet. URL: https://s22.q4cdn.com/826641620/files/doc_financials/2020/q4/Q4FY_20__InvestorFactSheet.pdf [zuletzt aufgerufen am 26.02.2021].

Twitter.com. URL: https://help.twitter.com/de/glossary [zuletzt aufgerufen am 20.01.2021].

t3n.de: Hype um Clubhouse: Was ist diese Social-App eigentlich und wo bleibt meine Einladung? 04.02.2021. URL: https://t3n.de/news/hype-um-clubhouse-diese-1349947/ [zuletzt aufgerufen am 26.02.2021].

Welchering, Peter: Rasanter Anstieg durch Corona. Warum Telegram und Co. durch Corona boomen. ZDF.de. 12.12.2020. URL: https://www.zdf.de/nachrichten/digitales/boom-parler-bitchute-telegram-100.html [zuletzt aufgerufen am 23.12.2020].

Vehrkamp, Robert: Rechtsextreme Einstellungen der Wähler*innen vor der Bundestagswahl 2021. In: Einwurf – Ein Policy Brief der Bertelsmann Stiftung. URL: https://www.bertelsmann-stiftung.de/fileadmin/files/BSt/Publikationen/GrauePublikationen/ZD_Einwurf_1_2021.pdf [zuletzt aufgerufen am 08.02.2021].

Wendler, Michael. Telegram.org. URL: URL: https://t.me/s/MICHAELWENDLEROFFICIAL [zuletzt geöffnet am 16.07.2021].

ZDF: Gewaltprävention. Twitter: Trumps Konten dauerhaft gesperrt. ZDF.de. 09.01.2021. URL: https://www.zdf.de/nachrichten/politik/usa-trump-twitter-konto-gesperrt-100.html [zuletzt aufgerufen am 22.01.2021].

ZEIT.de: AfD schließt Bundestagsabgeordneten aus. 15.11.2020. URL: https://www.zeit.de/politik/deutschland/2020-11/frank-pasemann-parteiausschluss

-bundestagsabgeordneter-rechtsextrem-magdeburg-fluegel-bundesschiedsgericht [zuletzt aufgerufen am 25.01.2021].

10. Abbildungsverzeichnis

Zeitfracht Medien GmbH
Ferdinand-Jühlke-Straße 7
99095 Erfurt, Deutschland
produktsicherheit@kolibri360.de